ANIMALES
CON PODERES
MÁGICOS

ANIMALES
CON **PODERES**
MÁGICOS

María José Hernández Varela

LIBSA

© 2025, Editorial LIBSA
C/ Puerto de Navacerrada, 88
28935 Móstoles (Madrid)
Tel.: (34) 91 657 25 80
e-mail: libsa@libsa.es
www.libsa.es

Textos: María José Hernández Varela

Imágenes: Shutterstock, pág. 63, 2p2play / Shutterstock.com, pág. 70 Vlad G /
Shutterstock.com, pág. 139 Viktor Osipenko / Shutterstock.com, pág. 173 Yuangeng
Zhang / Shutterstock.com

Maquetación: Roberto Menéndez González · Diseminando Diseño Editorial

ISBN: 978-84-662-4282-0

DL: 18110-2024

CONTENIDO

PRESENTACIÓN

Desde tiempos inmemoriales los animales han sido objeto de fascinación para muchas culturas, que han visto en ellos no solo a unos compañeros de viaje, sino un espejo en el que mirarse, en el que percibir las fortalezas propias, y también las debilidades. Desde los ancestrales ritos chamánicos hasta las ceremonias místicas de las tribus indígenas americanas, pasando por las antiguas civilizaciones occidentales y orientales, cada cultura ha otorgado a los animales un significado especial y ha explorado sus supuestos poderes mágicos. Algunas les han otorgado poder para actuar como guías espirituales de nuestra existencia, otras han creído firmemente en su capacidad mágica para curar enfermedades, otras aún los han convertido en guardianes y escudos que impiden que lleguen hasta nosotros las energías negativas... no se han impuesto límites a sus talentos sobrenaturales.

Pero sea cual sea el significado y las aptitudes que se les dieron en la Antigüedad, lo cierto es que el mensaje ha viajado en el tiempo y ha llegado hasta nosotros haciendo que nos interesemos en ellos y en sus poderes mágicos. Así, tradicionalmente, el búho se ha considerado un símbolo de sabiduría y claridad mental, mientras que la serpiente se ha asociado con la regeneración y la transformación, el lobo con la lealtad y la protección, y el zorro con la astucia y la inteligencia.

Sin embargo, es importante recordar que los poderes mágicos de los animales son una cuestión de creencia personal y no tienen una base científica. Cada persona debe buscar su propia conexión con los animales y explorar cómo puede trabajar con su energía para mejorar su vida, buscando las formas más adecuadas para conectar con su sabiduría y lograr su protección. Sin duda, la mejor forma para ponerse en comunicación con ellos es trabajando la energía personal a través de la meditación o la visualización, pero también puede ayudar llevar amuletos o talismanes con la imagen del animal en cuestión.

Hay que recordar que la gran importancia que tiene mantener la mente abierta y estar dispuesto a aprender. Al igual que los antiguos egipcios, griegos y romanos exploraron los poderes mágicos de los animales, nosotros también podemos hacerlo y encontrar en ellos una fuente de inspiración y una guía en nuestro camino espiritual. Siguiendo esa premisa se ha escrito este libro, en el que podremos encontrar el simbolismo de un gran número de animales, desde los más tradicionales, como el águila o el murciélago, hasta otros más insólitos, en los que quizá nunca hubiéramos reparado, como el colibrí o la ardilla. Descubriremos cómo cada uno de ellos puede ayudarnos a mejorar nuestra vida y a que la energía fluya armónicamente por nuestro interior. Aplicando toda esta información en nuestra actividad diaria lograremos llevar nuestra existencia con mayor armonía y hacer felices a las personas que nos rodean. Espero que cada uno de vosotros logre hallar a ese animal que se convertirá en su guía vital.

UN REINO DE ENERGÍA

No se puede entender la esencia del ser humano si la aislamos de la que poseen otros seres vivos que habitan en el planeta. Su energía y la nuestra se hallan interconectadas. Y esa interconexión resulta especialmente significativa cuando hablamos de los animales. La voz y el espíritu de cada uno de ellos encuentra su conexión, su vínculo con nosotros.

Así lo han reflejado, desde hace muchos siglos, las tradiciones y las historias ancestrales de todas las culturas del mundo, que nos muestran cómo las magníficas criaturas animales son poseedoras de unas cualidades que pueden transmitir a los seres humanos, siempre que estos mantengan su mente abierta para establecer la conexión.

Y ahí está la principal dificultad, pues la sociedad actual se encuentra demasiado apegada a lo tangible, a aquello que se puede ver y tocar. Para volver a restablecer un nexo con la energía de los animales tan poderoso como el que tenían nuestros antepasados debemos iniciar la búsqueda y abrir todos nuestros sentidos a los mensajes que nos envían los representantes de un reino tan cargado de energía como el reino animal.

Adentrémonos en este mundo único y espléndido.

Hoy en día, cuando escuchamos la palabra «animal», inmediatamente nos vienen a la mente imágenes relacionadas con reportajes de naturaleza, de zoológicos o mascotas, pero el mundo animal posee una dimensión mucho más profunda, una dimensión que enraíza con nuestro espíritu y nuestras creencias, con la tradición y la leyenda, con un trasfondo interior que nos presenta al animal como un modelo de simbologías, de virtudes y defectos que puede transmitir al ser humano.

Desde los inicios del mundo

En todos los relatos cosmogónicos sobre el origen del mundo, la presencia del ser humano se ha mostrado estrechamente vinculada a la de los animales y estos se han representado, no solo como meros acompañantes, sino también como espíritus augures del futuro, como seres protectores y guías espirituales. Una muestra de esa interconexión ya se puede encontrar en las pinturas prehistóricas, en las que los primeros seres humanos representaban a diversos animales para atraerlos, para, en cierta manera, adueñarse de sus cualidades y establecer una relación de identidad entre quien pintaba la imagen y el animal representado. A unos los veneraban, a otros los temían, y fue entonces cuando empezaron a diferenciar y a otorgar atributos específicos a cada animal. Al mismo tiempo, reconocieron su poder y los convirtieron en espíritus protectores.

Así, en las primitivas sociedades humanas, el destino de cada miembro de la comunidad aparecía ligado a la magia y la religión, la adivinación, los espíritus malignos y el castigo de los dioses. Los mediadores entre esas energías contrapuestas eran los hechiceros, magos o chamanes, que buscaban armonizar la vida cotidiana y el mundo de los espíritus. Y en esa empresa habitualmente los acompañaban los animales, pues como fuerzas que son de la naturaleza, también formaban parte de ese cosmos.

Durante la Antigüedad

Es bien conocida la estrecha relación que la antigua civilización egipcia estableció entre los animales y la espiritualidad, llegando a divinizarlos y a convertirlos en deidades, con un aspecto que combinaba formas humanas y zoomorfas. Así, por ejemplo, el halcón se asociaba con Horus, la divinidad del cielo, la guerra y la caza; el cocodrilo, con Sobeck, protector de la fertilidad del Nilo y del faraón; la leona o el gato, con la diosa Bastet, protectora del hogar y de los templos; y el chacal con Anubis, la divinidad de las necrópolis, la que acompañaba a los difuntos al juicio de Osiris.

Este tipo de representaciones híbridas de divinidades apenas se dieron en la Grecia antigua, ya que su estética establecía claras diferencias entre las figuras humanas y las de los animales. Lo que sí crearon fue una amplia variedad de criaturas animales imaginarias, que no eran dioses, sino colaboradores, bondadosos o malignos. Por ejemplo, Pegaso, que era el caballo alado de Zeus, o el unicornio, un caballo blanco con un cuerno en espiral en la frente, o el famoso can Cerbero, un fabuloso y terrorífico perro con tres cabezas cuya misión era proteger la entrada al inframundo.

Por su parte, el Imperio Romano ligó la fundación de su capital, Roma, a la bondad de una loba, que amamantó a los futuros creadores de la urbe, los gemelos Rómulo y Remo, hijos del dios Marte. La literatura romana mantuvo el catálogo griego de animales fantásticos y lo amplió añadiendo algunas criaturas híbridas, como Escila, un monstruo marino con cuerpo de mujer en la mitad superior y seis terribles canes en la inferior.

El dios egipcio Anubis se suele representar con cuerpo humano y cabeza de cánido o de chacal. Este animal tiene por costumbre desenterrar cadáveres y por eso fue seleccionado para dar forma al dios de las necrópolis y patrón de los embalsamadores.

En el judaísmo y el cristianismo

También en la Biblia y en los textos sagrados del judaísmo se otorgó un significado especial a los animales, aunque sin concederles ningún poder divino ni convertirlos en objetos de culto. En general, categorizaban a los animales en dos grupos, los puros y los impuros, y tanto a unos como a otros se les empezó a conferir una simbología específica; así, la paloma personificaba la pureza espiritual, mientras que la serpiente era la representación del pecado.

Los bestiarios medievales

esde comienzos de la Edad Media comenzaron a circular por Europa los bestiarios, una recopilación de animales simbólicos, tanto reales como fantásticos, a los que se atribuían cualidades y defectos que complementaban y reforzaban los comportamientos humanos. Esos textos, sin base científica, eran útiles para difundir enseñanzas de doctrina y moral a quienes no sabían leer. En ellos, las especies se ordenaban en cuatro grupos correspondientes a los cuatro elementos: aire, tierra, agua y fuego.

Su popularidad tuvo un reflejo en el arte medieval y es muy común encontrar representaciones de animales en libros miniados, templos y esculturas románicas y góticas. El águila, la cigüeña o el león se mostraban como espíritus benéficos, mientras que arpías, basiliscos, gárgolas y serpientes aladas con dos cabezas eran maléficos. Ahí tenemos las quimeras, estrigias y demonios de la catedral de Notre Dame de París.

Esas representaciones no se restringieron al medievo, sino que continuaron con su influencia cultural hasta el Renacimiento en el ámbito de los alquimistas, que emplearon el simbolismo de los colores de los anima-les y de su plumaje para crear un lenguaje visual que solo podían descifrar los versados en magia alquímica.

Los signos del zodíaco

Durante el siglo XVI, en pleno barroco, se retomó la antigua tradición babilónica y grecorromana de la «rueda de los animales» del Zodíaco: una banda de la esfera celeste dividida en 12 sectores iguales que se correspondían con un signo y el animal que mejor representaba las cualidades y los defectos de los nacidos bajo su influjo. No hay que confundir la rueda zodiacal occidental, basada en el Sol, con la rueda del Zodíaco chino, mediada por la Luna.

Además, la representación de los animales se combinaba con astros y fuerzas naturales para crear un lenguaje «jeroglífico». Los animales se vinculaban con el conocimiento hermético, con arcanos naturales, y no solo se incluían como una revelación de tradiciones legendarias o mitológicas, sino que mostraban sus características anatómicas, fisiológicas y terapéuticas. Ese carácter misceláneo entre lo alegórico y lo científico no eliminó la iconografía simbólica y se siguieron mostrando criaturas asociadas al daño, el vicio y la muerte, como ratas, serpientes y aves de rapiña, y otras relacionadas con la bondad y la paz, como el cordero.

Algunos simbolismos occidentales

Las cualidades que encarna cada animal no han sido siempre las mismas; habitualmente, cada cultura y cada época ha creado su propia simbología animal, como quedará patente en las siguientes páginas de este libro. A pesar de ello, pero hay representaciones alegóricas que se han mantenido casi constantes a lo largo de los siglos en el mundo occidental, como las que se muestran a continuación en las figuras del búho, la serpiente, el zorro, el cisne, la mariposa o el gato, que tienen un lugar específico en el imaginario colectivo occidental.

Búho
Sabiduría

Serpiente
Espíritu y magia

Zorro
Astucia y rapidez

Cisne
Pureza

Mariposa
Transformación

Gato
Luz y tinieblas

En el mundo precolombino

En las civilizaciones precolombinas que tenían como lengua común el náhuatl y ocupaban lo que hoy corresponde a la mitad sur de México, Honduras, Guatemala, El Salvador, Nicaragua y Costa Rica, el poder de los animales formaba parte de su cosmovisión del mundo. Los animales encarnaban energías cósmicas interrelacionadas y debían mantener un equilibrio; si se rompía, era imprescindible restablecerlo. En esta concepción simbólica, el águila y el cóndor representaban lo aéreo y celeste, la serpiente era la fuerza de la tierra y el jaguar, un dios del inframundo.

También creían que, desde poco después de nuestro nacimiento, un animal nos acompañaba y nos otorgaba sus características. Para lograr esa unión, se dejaba al bebé recién nacido solo en el campo rodeado por un círculo de ceniza; al rato, se podrían ver las huellas del animal que escoltaría a ese pequeño toda su vida. Además, creían que algunos escogidos podían convertirse en sus animales protectores y adquirir conocimientos místicos.

En el área andina los animales eran seres híbridos entre el mundo animal y el humano, o bien criaturas sobrenaturales. Había una relación muy estrecha entre los dos reinos, que podían ser aliados o antagonistas. En su cosmovisión, los animales se distribuían en tres niveles: los del área celeste (lo espiritual) se relacionaban con los astros, como ocurre en el Zodíaco occidental; los del área terrestre acompañaban a los humanos en su vida diaria; y el área inferior la ocupaban los seres dañinos y peligrosos.

Simbología animal en Oriente

En el Próximo Oriente y Japón siempre ha existido la creencia de que todos los elementos y seres de la naturaleza poseen un espíritu con el que el ser humano puede conectarse. Todas las criaturas, ya sean místicas y legendarias o más comunes, tienen cabida en las culturas orientales, que muestran un gran respeto por los animales y tienen una relación especial con ellos, pero varían los poderes mágicos de cada especie.

En la cultura hindú todos los animales participan de la esencia divina; a algunos se les ha sacralizado, como es el caso de las vacas, otros acompañan a los dioses, como el caballo, que se unió a Vishnu en su reencarnación como Krishna, y otros son objeto de respeto y admiración por sus cualidades, como ocurre con el pavo real, que evoca el sol, la riqueza y el esplendor. En la cultura thai se cree que cada elefante es el portador del alma de

un difunto. También la rata, al contrario que en Occidente, donde se considera un animal impuro, simboliza la inteligencia y la lógica en el pensamiento. En la cultura china, la rata es la abundancia y la prosperidad material, y una buena aliada para alcanzar el éxito en los negocios. Siguiendo con China, no hay que olvidar la simbología y cualidades que se atribuyen a los animales de sus signos del Zodíaco, que veremos más adelante. En Japón destaca el papel que se atribuye a la grulla o *tsuru*, símbolo de felicidad, buena suerte y longevidad, y a la carpa *koi*, que representa la valentía, la perseverancia y el éxito en la vida.

Algunos simbolismos orientales

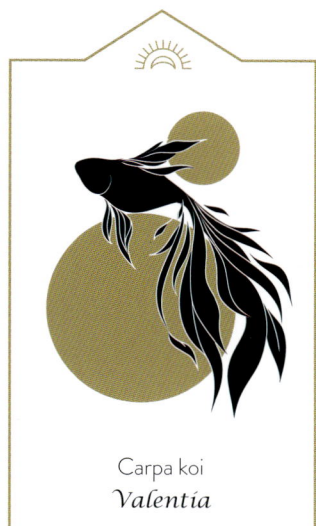

Carpa koi
Valentía

Elefante
Protección

Grulla
Felicidad

Pavo real
Esplendor

Perro
Fidelidad

Rata
Inteligencia

EL ANIMAL COMO GUÍA ESPIRITUAL

La concepción del animal como una guía espiritual para el ser humano surgió ya entre nuestros ancestros más antiguos, pues vivían en un mundo más primitivo y apegado a la naturaleza que el actual. Ellos fueron los primeros en percibir que cada animal, no solo era diferente físicamente al resto, sino que también poseía una energía interior distinta y ligada con la espiritualidad. Unas cualidades inmateriales que, si somos sensibles y nos mostramos abiertos a la percepción, se pueden incorporar a nuestra alma. A través de la historia, diferentes comunidades y generaciones han invocado la energía de los animales para ayudarse a transitar por la vida y a encontrar inspiración.

Aunque este tipo de conexión con un animal espiritual se ha difundido en numerosas culturas antiguas, quizá sea la celta una de las más significativas, ya que este pueblo sentía una fuerte conexión con el universo que les rodeaba, ya fueran los astros, las plantas, los animales o los ciclos por los que se regía su existencia.

En las sociedades profundamente conectadas con el universo circundante, se respetaba y se adoraba a todos los entes que formaran parte de él, como animales y plantas, tanto si eran reales como si se trataba de seres mágicos derivados de la imaginación colectiva. Todos ellos se consideraban criaturas místicas con poderes sobrenaturales, que eran capaces de transmitir su espíritu a los seres humanos para que estos comprendieran mejor su propia esencia, su personalidad y sus comportamientos, así como los de otras personas con las que nos relacionamos.

Conocer a tu animal espiritual

¿Pero cómo conocer cuál es nuestro animal espiritual, ese ser único que conecta con nosotros? Una de las formas más eficaces para averiguar cuál es nuestro animal espiritual es la práctica de la meditación, que nos ayuda a conectar con nuestro yo interior, con los pensamientos y la energía más profunda, sin las habituales distracciones que trae la actividad diaria. Para aislarnos de todo ello debemos buscar un lugar tranquilo,

adoptar una postura cómoda y permanecer en silencio a fin de lograr una mejor concentración. A continuación, hemos de visualizarnos mentalmente en medio de un bosque frondoso o en el centro de un círculo protector de piedras, y desde ese escenario intelectual pedir que se nos muestre nuestro animal espiritual. Si se ha realizado adecuadamente este ejercicio, pronto veremos al animal que nos guiará a lo largo de la vida o, al menos, durante un periodo de nuestra existencia.

¿Asignado o elegido?

Este es un dilema sobre el que existen dos tendencias muy claras. Por un lado, algunos piensan que es el propio animal el que elige a la persona, bien para permanecer como su guía espiritual a lo largo de toda la vida, bien para estarlo solamente durante periodos concretos, siendo sustituido por otro cuando es necesario. Por otro, los hay que creen que es la fecha de nacimiento de cada uno de nosotros la que determina qué animal nos transmitirá su espíritu e influirá en nuestra personalidad y en la forma de comportarnos.

Esta última tendencia, claramente relacionada con el Zodíaco astrológico tradicional, tuvo gran predicamento entre el pueblo celta europeo, que creó su propio calendario dividido en trece sectores o signos, y no en doce, como estamos acostumbrados, ya que trece es el número de ciclos lunares a lo largo de un año.

Animal espiritual en el horóscopo celta

SALMÓN

5 agosto – 1 septiembre

Es portador del conocimiento y se muestra un defensor acérrimo del cambio, pues considera que la transformación es esencial para el desarrollo interior de su personalidad.

GATO

21 enero – 17 febrero

De mente rápida, ingenioso y creativo. Quizá se muestre un poco tradicional en sus opiniones y en su forma de vida. Es amable, aunque a veces parezca un poco distante.

CISNE

2 septiembre - 29 septiembre

Representa la justicia, la conexión con la verdad y la belleza, tanto física como espiritual. Es el símbolo sagrado de la luz divina.

SERPIENTE

18 febrero – 17 marzo

Con la necesidad de reflexionar tranquilamente sobre la vida. Nos recuerda que esta cambia constantemente y que nosotros debemos encontrar nuestro camino.

MARIPOSA

30 septiembre – 27 octubre

Es alegre, con una personalidad brillante, pero sobre todo es un recordatorio de que las experiencias que vivimos pueden convertirse en hermosas. No hay que temer las transformaciones.

ZORRO

18 marzo – 14 abril

Astuto, seductor e inteligente, con capacidad de usar sus cualidades mentales y físicas, para su propio bien (egoísta) o para el de los demás (beneficioso y altruista).

LOBO

28 octubre – 24 noviembre

Es emocional y apasionado, pero sobre todo es un «maestro de maestros», siempre dispuesto a dar sabios consejos a todo el que lo necesite. También es muy independiente y un poco obsesivo.

TORO

15 abril – 12 mayo

Fuerte, seguro y honesto, una persona en quien confiar ciegamente. Pero también muy terco y a veces malhumorado y excesivamente emocional.

HALCÓN

25 noviembre – 23 diciembre

Con una gran agudeza y capacidad para examinar la vida, dejando ir lo que ya no sirve y poniendo en valor la necesidad de evolución continua.

CABALLITO DE MAR

13 mayo – 9 junio

Signo de protección y seguridad, al que le gusta cuidar y atender a los demás. Conectado con los sentimientos y la imaginación.

CIERVO

24 diciembre – 20 enero

Es fuerte y hermoso, pero no emplea esas cualidades en su propio beneficio, sino para ayudar. Debe encontrar un equilibrio para no volcarse en los demás y pensar en sí mismo.

CUERVO

10 junio – 7 julio

Es emprendedor, carismático, idealista, lleno de energía positiva, pero a veces un poco calculador. En las relaciones es intuitivo, paciente y romántico.

CABALLO

8 julio – 4 agosto

Es poderoso y competitivo, con mucha confianza en sí mismo. Tiene gran capacidad para liderar y manejar los asuntos más delicados con gran habilidad.

LOBO
Maestro de maestros

Simbología: protección, lealtad, sabiduría.

Signo del Zodíaco: Escorpio (23 octubre - 21 noviembre).

Poderes: comprensión profunda, resistencia, valor.

Un potente simbolismo

El lobo es un maestro del aprendizaje y la enseñanza, un experto guía espiritual que nos va mostrando el camino a seguir en la vida, haciendo que entendamos en profundidad nuestra existencia y aceptemos sin miedo su ciclo natural. También se considera un ejemplo de sabiduría, que nos enseña a confiar en nuestra intuición y a prepararnos para los cambios que se puedan presentar, mostrándonos cómo adaptarnos a ellos, de modo que no nos bloqueen e impidan que sigamos la senda que nos hemos marcado. Nos aporta confianza y seguridad en nosotros mismos.

Es un espíritu valiente y protector, que fomenta la constancia, la comunicación, la generosidad y la cooperación, al tiempo que evita la confrontación y la violencia siempre que es posible. Asimismo, se desvela como un acérrimo defensor de los valores familiares, aunque sin perder por completo la individualidad.

En el horóscopo celta

Según la astrología celta, el lobo es el animal que corresponde a los nacidos entre el 28 de octubre y el 24 de noviembre. Se trata de personas con un notable instinto y poder de percepción, que rápidamente captan cualquier cambio en el entorno. Y eso no les asusta, sino muy al contrario: lo desconocido es un estímulo fascinante y atractivo. La valentía y la audacia son dos de sus características más notables, pero también el instinto de supervivencia, por lo que emplean la estrategia para asumir únicamente los riesgos calculados.

Se trata de personas inteligentes, aparentemente frías y tranquilas, pero con un carácter fuerte y gran emotividad que circula por su interior como una corriente impetuosa que, a menudo, domina al intelecto. Por lo general, las profesiones relacionadas con la medicina o las artes suelen resultar muy adecuadas para estos «seguidores del lobo».

Cada color, un mensaje

El lobo es un animal de poder, cuya energía aparece vinculada a diferentes mundos según sea el color de su pelaje. Así, el lobo blanco se encuentra más vinculado con lo espiritual y nos puede servir de guía para adentrarnos en ese terreno, preparándonos para enfocar adecuadamente ese universo. En el extremo contrario se halla el lobo de pelaje negro, claramente vinculado con lo terrenal, que nos ayuda a arraigarnos y a no perder nuestra esencia. Por último, el lobo de color grisáceo o marrón se encuentra a medio camino entre lo celestial y lo terrenal, simbolizando el equilibrio que debe instaurarse en nuestras vidas.

Cualquiera que sea su color, hay determinadas actitudes de este animal que siempre traen un mensaje concreto. Por ejemplo, si en el sueño o durante la meditación nos llega la imagen de un lobo aullando, eso significa que nos falta libertad en algún ámbito de nuestra vida y la estamos reclamando. Si aparece protegiéndonos de algún peligro, puede ser señal de que necesitamos acrecentar nuestra fuerza interior para enfrentarnos a algo que nos altera.

SIMBOLOGÍA

A lo largo de los siglos, la figura del lobo ha estado presente en casi todas las culturas.

Egipcios: era una guía espiritual que conducía las almas al reino de los muertos.

Griegos: lo asociaban con la luz y los romanos, con el valor y la protección.

Nativos norteamericanos: lo veneraban como un poderoso espíritu que otorgaba al chamán una potencia sobrenatural.

Mitología nórdica y germana: símbolo de poder y victoria, por lo que el dios Odín y las valkirias, que eran mujeres guerreras, cabalgaban a lomos de este animal.

Culturas asiáticas: el lobo era el guardián de la puerta de entrada hacia el reino celestial.

Tradición cristiana: aparecía representado como una criatura demoníaca, que fue amansada por virtud divina gracias a San Francisco de Asís.

HALCÓN
Compromiso e integridad

Simbología: poder, éxito, ingenio, buena suerte.

Signo del Zodíaco: Aries (21 marzo – 19 abril).

Poderes: sabiduría, clarividencia, y concentración profunda.

Un líder nato

Si el halcón es el animal que te guía espiritualmente, tienes asegurado el poder y el éxito gracias a la buena suerte y una elevada dosis de ingenio. Su instinto te dirige hacia el liderazgo, hacia la consecución de todas las metas que te propongas, con intensidad y un gran sentido del compromiso, con una mente ingeniosa que te ayudará a tomar las mejores decisiones, incluso en los momentos más complicados. Pero con esa misma fuerza que persigues tus sueños, si algo no te acaba de parecer lo suficientemente interesante, te alejas y lo abandonas sin mirar hacia atrás.

Sabes lo que quieres, porque en tu interior te has marcado una ruta a seguir, a la que eres fiel; eso te ayuda a mantener un deseado equilibrio en tu vida. Tienes un sentido de la justicia muy desarrollado, eres reflexivo y muy generoso, tanto en el aspecto intelectual (te gusta compartir tus conocimientos) como en el económico.

Todas estas aptitudes, que en principio son muy positivas y convierten a este animal en perfecta guía espiritual para las personas inteligentes, en ocasiones pueden volverse en tu contra y hacerle parecer ante los demás como obstinado y presuntuoso, ya que para todo plantea una hipótesis y no muestra reparo en expresar abiertamente una opinión, aunque sea contraria a la del resto. Por si fuera poco en los momentos más pesimistas se revela como una persona impaciente y algo egoísta.

En el horóscopo maya

El halcón también cuenta con un profundo simbolismo en la cultura maya, que le considera un animal de poder, de carácter fuerte, muy firme y dominante ante situaciones difíciles, increíblemente perceptivo y muy hábil para hallar soluciones rápidas, sin caer en bloqueos paralizantes. Posee una mente despierta, gran capacidad de concentración y una memoria asombrosa, que le permitirá recordar nombres, fechas y hasta largos textos; en definitiva, una serie de cualidades innatas que podrá potenciar con el estudio. Al mismo tiempo, todos sus actos transmiten honestidad. En la faceta amorosa es un decidido defensor del amor verdadero y único, al que permanece fiel durante toda su vida.

En la cultura celta

Entre este antiguo grupo de tribus, cuya existencia se remonta al siglo VIII a.C., aproximadamente durante la Edad del Hierro, el halcón era considerado un animal mágico, dotado de poder visionario y sabiduría, con gran agudeza y capacidad para examinar la vida y para poner en valor la necesidad de una evolución interior continua. Era, en esencia, un símbolo solar que representaba el poder, la libertad, la concentración y la luz espiritual, especialmente eficaz cuando se le invocaba antes de dormir. Dentro de su sistema astrológico, en el que las plantas y los animales regían la vida de los hombres y los conectaban con la naturaleza, el halcón era el animal que guiaba espiritualmente a los nacidos entre el 25 de noviembre y el 23 de diciembre.

SIMBOLOGÍA

Durante mucho tiempo, la figura del halcón se ha unido en casi todas las culturas a un simbolismo de poder y éxito.

Antiguo Egipto: el halcón representaba al dios Horus, una de las deidades más importantes del Antiguo Egipto, señor de los cielos y de la luz, que nos cubre y protege con sus alas extendidas.

Mitología vikinga: se dice que el ave acompañaba en la caza a Odín, el dios supremo, y que la hermosa Freyja, diosa del amor, la belleza y la fertilidad, poseía una capa mágica confeccionada con plumas de halcón, que le permitía transformarse en esa ave para surcar los cielos.

Cultura maya: era un animal sagrado, la última reencarnación en la rueda de reencarnaciones para pasar, en la próxima vida, a un ciclo superior en la espiral evolutiva.

CISNE
Amor puro

Simbología: belleza, justicia, verdad, luz divina.

Signo del Zodíaco: Capricornio (22 diciembre – 19 enero).

Poderes: integración cósmica a través del amor.

Un complejo simbolismo

El cisne es una de las guías espirituales más poderosas y antiguas que existen, nos ayuda a descubrir nuestra auténtica belleza interior y resulta un inestimable colaborador para quien desea purificarse por dentro y progresar espiritualmente, alcanzando nuevos estados de conciencia y desarrollando una mayor capacidad intuitiva. Y es que esta ave posee la magia de aunar los cuatro elementos fundamentales que conforman al ser humano: la energía vital, ya que es un animal de sangre caliente; las emociones, pues vive en el agua; la parte física, al anidar en la tierra; y el plano mental, pues se eleva por el aire y surca los cielos. Los niños, los poetas y las personas soñadoras son quienes más se benefician de los poderes del cisne.

Elegancia, gracia y belleza

Las personas que gozan de los poderes mágicos del cisne destacan por su refinamiento y buen gusto, por una prestancia natural que les proporciona armonía, elegancia y un aire de nobleza aristocrática. No suelen perder la compostura y eso les hace parecer frías, pero nada más alejado de la realidad, ya que suelen ser muy empáticas; simplemente no saben comportarse de otro modo. Son muy perceptivas y tienen un don especial para captar cualquier forma de belleza. También son muy organizadas y exigentes con los detalles, y tienen muy claro cómo deben hacerse las cosas: a su modo.

En el plano amoroso suelen mostrarse apasionadas, creen que el amor es la energía integradora de todo en

nuestra vida y son firmes defensoras de la fidelidad y de las uniones para toda la vida.

En la astrología celta

Además de encarnar todas las cualidades anteriores, entre los celtas este animal poseía una simbología especialmente significativa y aparecía asociada a multitud de leyendas relacionadas con la música y la pureza, con el amor. Los bardos llevaban capas adornadas con plumas de cisne y las vírgenes tenían en esta ave a su mejor guía espiritual. Pero su simbolismo era mucho más complejo, ya que también consideraban que tenía un importante papel mediador entre el hombre y los dioses, que era una mensajera del mundo del más allá y la encargada de transportar el alma de los muertos a su lugar de reposo y paz. Tal como relata la leyenda de los siete cisnes de la virtud, las aves eran una ayuda divina para la humanidad y, cuando aparecían en el cielo, constituían un puente entre los seres humanos que deseaban evolucionar espiritualmente y el mundo celestial. El cisne también estaba considerado un animal profético y un símbolo de la reencarnación.

En el ámbito celta, el cisne era el símbolo del equinoccio de primavera o Alban Eiler, el momento del año en que el día y la noche mantienen un perfecto equilibrio, y en su horóscopo, el animal que guiaba espiritualmente a los nacidos entre el 2 y el 29 de septiembre.

SIMBOLOGÍA

La figura del cisne se manifiesta en muchas culturas, siempre con un simbolismo de pureza y belleza, como veremos a continuación.

Antiguo Egipto: el cisne era considerado el vehículo de unión entre el cielo y la tierra.

Grecia: Zeus, el dios supremo, se transformó en cisne para seducir a la mortal Leda y de esa unión nació la hermosa Helena de Troya. También simbolizaba la música cuando se consagraba al dios Apolo, y la belleza y la sexualidad cuando una pareja de estas aves tiraba del carro de Afrodita.

Siberia: el cisne era el espíritu que guiaba al chamán en su viaje celestial al mundo de los muertos.

Mitología hindú: encarna el espíritu de la creación, la unión perfecta y el equilibrio vital. Brahma nació de un «huevo cósmico» puesto por un cisne y su esposa, Sarasvati, monta a lomos de ese animal.

ZORRO
Astucia e inteligencia

Simbología: destreza, astucia, persistencia, rapidez.

Signo del Zodíaco: Virgo (23 agosto – 22 septiembre)

Poderes: pensamiento ágil, ingenio, sabiduría.

Un incentivo para el ingenio

Elegir al zorro como guía espiritual de nuestra vida es apostar por avivar el ingenio y usar la inteligencia de una forma diferente y creativa para hallar soluciones, para utilizar todos los recursos que están a nuestro alcance y enfocar la propia existencia de un modo diferente al habitual, pero siempre encaminado a lograr el éxito en los objetivos propuestos. Todo ello acompañado de una gran capacidad de adaptación a las nuevas circunstancias y de creatividad para acabar poniéndolas a nuestro favor, sin dejar espacio a las quejas.

En el horóscopo celta

La astrología celta considera a este animal un espléndido guía espiritual, que nos transmite sabiduría e inteligencia para usar las cualidades físicas y mentales que poseemos, ya sea a fin de obtener nuestro propio beneficio, ya para lograr un bien destinado a los demás. Las personas que se hallan bajo el influjo del zorro pueden mostrar una personalidad más inclinada hacia el egoísmo o, por el contrario, hacia el altruísmo.

En general, se trata de personas con gran vigor y energía, valientes y dotadas de una fuerza indomable, con un espíritu aventurero que les empuja a vivir innumerables experiencias. Y cada una les aporta algo que se convertirá en una historia para ser contada ante un público fiel y entregado, ya que suelen ser muy buenos narradores. Gracias a su astucia y al cúmulo de ideas que bulle en sus cabezas, suelen tener un enorme poder para convencer a los demás, y también para seducirles, ya que resulta difícil no dejarse

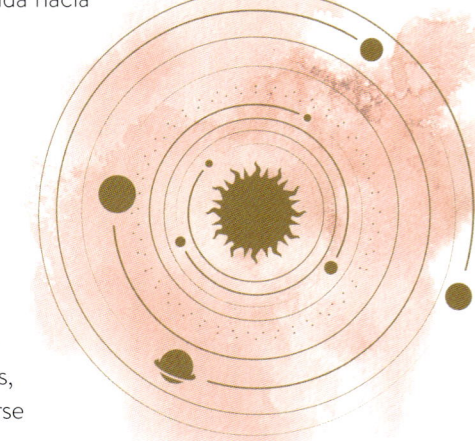

cautivar por su gran sentido del humor y su gusto por lo lúdico. Junto a todas estas cualidades, a veces un poco frívolas, también poseen un elevado concepto de la lealtad: si te conceden su amistad, lo hacen para toda la vida. Por último, hay que indicar que según el sistema de horóscopo natural celta, el zorro es el animal que corresponde a los nacidos entre el 18 de marzo y el 14 de abril.

Entre los mayas

Según el horóscopo maya, el zorro ilustra el signo que corresponde a los nacidos entre el 4 de abril y el 1 de mayo. El espíritu de este animal convierte a sus protegidos en personas solidarias, empáticas y justas, muy educadas y correctas, aunque si se bloquean pueden dejarse dominar por la ira, pero no les dura mucho. En las relaciones amorosas son amantes entregados, siempre pendientes de aportar y que al otro no le falte nada.

Su relación con la brujería

El zorro simboliza la inteligencia y la astucia, pero en este caso al servicio del mal y el diablo, que le considera un aliado. Algunos creen que incluso puede llegar a reencarnarse en él debido a su capacidad para cambiar de forma.

Esta visión malvada y perversa del zorro se extendió junto a la brujería por Europa a lo largo de toda la Edad Media, lo que le ha convertido en protagonista de innumerables cuentos y leyendas.

SIMBOLOGÍA

El zorro representa la astucia y sagacidad propias de este animal para casi todos los pueblos de la Tierra.

China: su presencia se relaciona con una señal enviada por los difuntos desde el otro mundo.

Japón: es considerado el mensajero del dios del arroz, Inari, y uno de los espíritus de la lluvia. En la cultura nipona simboliza longevidad y protección contra el mal.

Indios americanos: en estos pueblos se adjudica al zorro un doble simbolismo antagónico. Los indios que habitan en el norte del país lo consideran portador de nobleza y un mensajero inteligente. Pero las tribus que ocupan las praderas ven en el zorro a un espíritu tramposo que, en ocasiones, atrae a la muerte.

MARIPOSA
Símbolo del cambio

Simbología: cambio positivo, transformación.

Signo del Zodíaco favorable: Libra
(23 septiembre – 22 octubre).

Poderes: alegría, paz, adaptabilidad.

El beneficio de las transformaciones

La primera enseñanza que ofrece el poder de la mariposa es que no debemos temer a los cambios y menos aún si ella nos acompaña como guía espiritual. Igual que ella misma, que a lo largo de su ciclo vital se transforma de oruga poco agraciada en un hermoso insecto volador, nosotros también debemos afrontar con alegría y esperanza cualquier metamorfosis que se produzca en nuestro interior, en el estilo de vida o entre el círculo de personas más íntimo que nos rodea. La mariposa tiene la capacidad de guiarnos en los nuevos proyectos, ayudando a desarrollar las ideas o determinados aspectos de la personalidad para que podamos mejorar nuestra vida personal o profesional. Y su corta vida es una buena enseñanza para que afrontemos el futuro con alegría y aceptemos lo que tenga que venir sin miedos ni traumas.

En general, las personas que se hallan bajo el influjo de la mariposa se caracterizan por ser alegres, simpáticas y con una brillante personalidad, lo que aumenta su atractivo y favorece las relaciones sociales, tanto con los amigos como en el ámbito de la familia. Les encanta hablar, hacer planes y soñar, así como prestar ayuda a cualquiera que les necesite. Al mismo tiempo, poseen una gran agudeza y capacidad para examinar la vida, dejando ir lo que ya no sirve y poniendo en valor la necesidad de evolución continua sin traumas ni complejos. Según el horóscopo celta, quienes muestran una mayor sensibilidad a los poderes mágicos de la mariposa son los nacidos entre el 25 de noviembre y el 23 de diciembre.

Colores y mensajes

Además de todas sus cualidades, las mariposas son unas magníficas emisarias de avisos con un significado profundo. Cuando alguna de ellas se acerca a nosotros, debemos observar bien su color, pues de este depende el tipo de augurio que nos traen. Las blancas anuncian buena suerte y crecimiento espiritual, y simbolizan pureza, bondad e inocencia. Por el contrario, las negras son emisarias de contratiempos y obstáculos, tanto en la salud, como en las finanzas o incluso en el plano espiritual. Aquellas en las que predomina el color marrón nos anuncian la llegada o la cercanía de personas que quieren hacernos daño, mientras que las violetas traen armonía, estabilidad y equilibrio. Las de tonalidades azules o turquesas son amuletos de la buena suerte, que nos traen prosperidad y fortuna, y conceden el cumplimiento de nuestros deseos. Las verdes nos señalan que alguien del pasado regresa a nuestras vidas, y las amarillas son el presagio de que vamos a comenzar un nuevo periodo vital lleno de éxito, felicidad, optimismo y esperanza. Cuando predominan los tonos rojos, el mensaje es más ambiguo, ya que puede ser el anuncio de un periodo de alegría y pasión, o la señal de que se acerca a nosotros algún peligro. Estas dudas no se producen con las mariposas de coloraciones anaranjadas, que siempre están vinculadas a la emoción, las grandes alegrías y la pasión, a la fortaleza y la perseverancia.

SIMBOLOGÍA

Relacionamos a la mariposa con la mitología y la religión y así lo han hecho distintas culturas a lo largo de la historia.

Pueblos celtas: consideraban que eran hadas buenas que tomaban temporalmente la forma de ese insecto volador.

Grecia Antigua: se relacionaba con la sexualidad y era el emblema del alma.

Primeros cristianos: este animal representaba el alma inmortal, la resurrección, la brevedad y el carácter efímero de la vida.

Culturas prehispánicas: representaba el alma de un guerrero muerto en la batalla y era el mensajero de los dioses.

China y Japón: la mariposa simboliza la felicidad conyugal y la alegría.

En el Feng Shui: símbolo del proceso de transformación que se produce entre los enamorados, del que nace el amor y el romance.

CIERVO
Arte y elegancia

Simbología: supervivencia, elegancia.

Signo del Zodíaco: Géminis (21 mayo – 20 junio).

Poderes: fortaleza, habilidad, instinto.

Un superviviente habilidoso

Sortear las dificultades con instinto, gracia y elegancia. Esa es una de las mejores enseñanzas que ofrece el ciervo a las personas que confían en su poder. Para ello es necesaria una buena capacidad de adaptación de la mente, acompañada de velocidad en las reacciones, y eso aporta el espíritu de este animal a sus protegidos. También les otorga conocimiento y fortaleza, unas cualidades que sus seguidores no suelen emplear en su propio beneficio, sino para ayudar a todos los de su entorno, ya que son generosos. Quizá, a veces en exceso. Conviene que encuentren el equilibrio entre volcarse en los demás y el cuidado de sí mismos.

El espíritu del ciervo también ayuda a despertar las aspiraciones y los altos ideales, y a favorecer que se persigan con minuciosidad, paciencia y constancia, sin darse fácilmente por vencido y sin perder una visión clara del conjunto. Aviva el ingenio rápido, la inteligencia y la curiosidad por la sabiduría. Como guía de sus acciones está el trabajo duro y la integridad y se muestran orgullosos de sus capacidades, de su autosuficiencia y su fortaleza emocional, que les hace difícilmente vulnerables. Según el horóscopo celta, las personas que más se benefician de las cualidades mágicas del ciervo son las nacidas entre el 24 de diciembre y el 20 de enero.

Animal de poder

El ciervo se convierte en una guía de poder, material y espiritual, para los nacidos bajo el signo de Géminis. Les aporta ingenio, creatividad y alegría, además de una muy loable capacidad para reírse de sí mismos. Favorece que sean personas amables, que se desenvuelven con facilidad en cualquier ambiente y ofrecen sus opiniones con gran elocuencia y un buen talento oratorio. Son cariñosos y protectores con las personas que aman y bastante exigentes en lo que se refiere a la apariencia personal. También muestran una clara inclinación a todos los temas relacionados con la protección de la naturaleza y el medio ambiente, como no podía ser de otro modo, para las personas a quienes guía un espíritu animal que quiere evitar la destrucción indiscriminada de la vida.

En los horóscopos maya y azteca

Los atributos con los que se asocia al ciervo en estos sistemas astrológicos están siempre relacionados con el amor. Las personas que se hallan bajo el poder mágico del venado viven para amar, son románticas, sensibles, sentimentales, y su pareja es el centro de sus vidas. Y, por supuesto, esperan ser correspondidas. Idealizan tanto el sentimiento amoroso y se centran tanto en él, que cuando se produce un desengaño, suelen afrontarlo con gran dramatismo y tardan mucho en recuperarse. Son personas que tienen mucha fuerza de voluntad, alegres y pacíficas, pero también bastante inocentes e ingenuas. Esto, unido a su exacerbada sensibilidad, las convierte en vulnerables y, a menudo, en víctimas de quienes no dudan en practicar el abuso. Su emotividad y su gusto por la belleza les convierte en buenos artistas, poetas, pintores o diseñadores. El signo astrológico del ciervo domina el destino de quienes han nacido entre el 20 de septiembre y el 17 de octubre.

SIMBOLOGÍA

El ciervo pervive siempre con un simbolismo de supervivencia e intuición que le caracteriza y así le vieron muchos pueblos antiguos.

Cultura celta: se consideraba que el ciervo representaba la victoria de la luz frente a las tinieblas y que, como vencedor, era el encargado de conducir el espíritu de los muertos al otro mundo.

Grecia: se veneraba al ciervo por su belleza y elegancia en los movimientos.

Antigua Roma: se le atribuía la capacidad de guiarse por la intuición para encontrar las plantas curativas para combatir cualquier dolencia.

Tribus indígenas norteamericanas: este animal se asociaba al árbol de la vida, a la longevidad y al renacer, y era un símbolo de fortaleza y voluntad férrea.

SALMÓN
Conocimiento y energía

Simbología: conocimiento, inspiración, brillantez.

Signo del Zodíaco: Leo (23 julio – 22 agosto).

Poderes: sabiduría, energía para conseguir los propósitos.

Conseguir lo imposible

Esa es una de las principales enseñanzas que nos aporta el salmón como guía espiritual. A través del conocimiento y la inspiración, unidos a una inagotable energía, podremos tener ideas brillantes y realizar todos nuestros sueños, tanto a nivel material como espiritual. El poder del salmón nos facilita el camino, inspira nuevas ideas y nos proporciona los medios para lograr el objetivo que buscamos, todo ello con dinamismo y gran confianza en nosotros mismos. Cuando parece que el entorno nos aleja de nuestra meta, la potencia del salmón nos empuja a conectar con nuestros instintos y experiencia, a emplear los recursos de nuestro yo interior para continuar el avance infatigable, sin decaer. Es un sabio consejero, un buen motivador, que nos enseña la importancia de aprovechar todas las oportunidades que se nos presentan en la vida para seguir el camino que nos hayamos marcado.

En el mundo celta

El salmón es el portador del conocimiento y la sabiduría y tiene el don de las profecías. Cuenta una antigua leyenda, que el héroe celta Fionn, famoso por su valor, su fuerza y su sabiduría, adquirió su poder comiendo los salmones que pescaba el druida que le servía de maestro cuando era joven. Se decía que había un gesto que repetía con frecuencia, el de chuparse un dedo, y que con él invocaba la sabiduría del salmón para acrecentar su poder.

Según la astrología celta, los nacidos entre el 5 de agosto y el 1 de septiembre serán quienes más se puedan beneficiar de los poderes mágicos de este ani-

mal. Su influencia les hace más sabios e intuitivos, aunque a veces se sumergen tanto en su mundo interior buscando sus propias visiones y ensueños, que se aíslan de cuanto les rodea y es muy difícil seguirlos. Saben conseguir lo que desean, sin importarles el esfuerzo que deban emplear para lograrlo, y son defensores acérrimos del cambio, pues consideran que la transformación es esencial para el desarrollo interior de su personalidad.

Guía para los nativos de Leo

El salmón es el animal interior de los nacidos bajo el signo de Leo. Les ayuda a ser intuitivos, vitales y entusiastas, con una gran capacidad para motivar a los demás. Su inteligencia, equilibrio de carácter y generosidad les granjea amistades con mucha facilidad. Son personas creativas, que persiguen sus objetivos con energía y siempre suelen convencer a alguien para que les acompañe en su camino y les preste su ayuda. El salmón, como el resto de los seres acuáticos, está ligado con el elemento agua y a menudo trae mensajes sobre las emociones y el bienestar emocional o cómo las diferentes situaciones impactan en los sentimientos. En las relaciones sentimentales se muestran entregados y muy sensuales, pero no conviene enemistarse con ellos, porque pueden transformarse en seres egocéntricos y algo vulgares.

SIMBOLOGÍA

El salmón presente en casi todas las culturas, siempre se relaciona con un simbolismo de conocimiento y energía.

Cultura celta: el salmón era el símbolo por excelencia del conocimiento y la sabiduría.

Antiguas Grecia y Roma: lo relacionaban con la fertilidad, el nacimiento y la vida.

Mitologías nórdicas: el dios Loki se transformaba en un salmón para escapar de sus perseguidores, representando la astucia y la supervivencia.

En la Biblia: se le relaciona con la sabiduría, la perseverancia y la determinación.

Civilizaciones orientales: el salmón, como todos los peces, posee una simbología de buena fortuna y riqueza.

Tribus indígenas norteamericanas: es un animal energético, que expresa generosidad e inteligencia para conseguir los objetivos.

CABALLITO DE MAR

Protección y seguridad

Simbología: paciencia, amistad, generosidad, alegría.

Signo del Zodíaco: Piscis (19 febrero – 20 marzo).

Poderes: protección, alta percepción sensorial.

El gozo de ser uno mismo

El caballito de mar o hipocampo es un maestro de todo lo bueno que nos ofrece la vida. Su primera enseñanza como guía espiritual es que nos aceptemos plenamente, con auténtica alegría, que nos sintamos contentos de lo que somos y de donde estamos. De ese modo no experimentaremos la necesidad de un cambio y nos anclaremos a lo que nos rodea con firmeza, con la misma que el animal enrosca su cola a un punto seguro de anclaje cuando se encuentra en medio de aguas turbulentas. Aunque esta persistencia en mantener lo que tenemos o en lograr un objetivo concreto no es perjudicial en sí misma, puede volverse en nuestra contra si nos mostramos excesivamente inflexibles y obstinados. Ese es un aspecto que debemos cuidar.

Por otro lado, la paciencia, y sobre todo el instinto de protección, son otras de las dos grandes enseñanzas que nos ofrece. Las personas que se rinden a los poderes del caballito de mar poseen una marcada tendencia a defender, amparar y cuidar de los demás, y les gusta hacerlo. Se muestran pacientes, amistosas y generosas, compartiendo siempre lo que tienen y colaborando a soportar las cargas. Son adorables y les gusta sentirse queridas.

Es importante tener en cuenta que, para beneficiarnos de los poderes mágicos del caballito de mar, no hace falta haberle elegido como guía espiritual de nuestra vida; solo es necesario invo-

El simbolismo de protección siempre ha estado personificado en el caballito de mar en diferentes culturas a través de distintas épocas.

Mitología celta: este animal marino era el vínculo con otros mundos y una invitación para iniciar apasionantes viajes de descubrimiento interior.

Antiguas Grecia y Roma: sorprendentemente, el caballito de mar era símbolo de fuerza y poder.

Europa medieval: era el encargado de llevar las almas de los marineros muertos hasta el purgatorio para que estuvieran protegidas mientras aguardaban su destino final.

China: está considerado el dragón del mar y lo veneran por su poder; también lo tienen como un símbolo de buena suerte.

carlo en aquellos momentos en los que precisemos su ayuda. Por ejemplo, cuando nos sintamos perdidos o confundidos, faltos de protección, infelices con nuestro modo de vida o precisemos de nuevos puntos de vista o perspectivas que no habíamos considerado. Él nos prestará su apoyo.

En el horóscopo celta

Para la astrología celta, las personas nacidas entre el 13 de mayo y el 9 de junio son quienes reciben los poderes mágicos del caballito de mar. En general, se muestran profundamente conectadas con los sentimientos, la imaginación y la creatividad. Poseen una gran memoria y son muy inteligentes, por lo que se puede confiar en ellas y en sus consejos cuando necesitamos asesoramiento, especialmente en temas legales o de finanzas. Pero también cuando se trata de asuntos sentimentales o emocionales, ya que nos ayudan a mirar, con profundidad y serenidad, lo que nos rodea exteriormente y también nuestro propio interior, de modo que tomemos conciencia clara de nuestra verdadera situación y decidamos cuál es la forma más conveniente de seguir nuestro camino, sin prisas pero con perseverancia.

ANIMAL INTERNO Y ANIMAL SECRETO

Desde hace siglos, en China se desarrolló la ciencia del estudio de los astros. Su sistema astrológico es muy diferente al occidental y se basa en la Luna, como astro fecundador y elemento enlazado con la imaginación. Esta astrología, que también se sigue en otros países de Oriente, está relacionada con el culto que se dispensa a los animales como seres protectores. De este modo, cada año lunar está representado por un animal: rata, buey, tigre, conejo, dragón, serpiente, caballo, cabra, mono, gallo, perro y cerdo.

¿Y por qué esos animales? Cuenta la leyenda, que Buda hizo comparecer ante él a todos los animales de la Tierra, pero solo fueron esos doce. La rata fue el primero y el cerdo, el último. Cada uno influye en la personalidad, salud, amor y destino de las personas de su signo y hay que complementar con la hora de nacimiento basada en la posición del Sol.

Una de las muestras más populares sobre la creencia del poder y el influjo que tienen los animales en nuestras vidas la encontramos en el horóscopo chino, un complejo sistema de predicción astrológica que, al igual que el calendario chino, tiene a la Luna como foco central y referencia. Así, mientras que el horóscopo occidental o zodiacal, se basa en la posición que ocupan ciertas constelaciones estelares con respecto al astro Sol en el momento del nacimiento y cuenta con doce signos que corresponden a los doce meses del año, el horóscopo chino lo hace en función de la rotación de la Luna, con doce signos que en este caso corresponden a años lunares, representados por animales.

Los doce animales

Existen leyendas sobre el modo de elección de los animales mágicos del horóscopo chino. Además de la relacionada con Buda, hay otra que asegura que el origen está en una carrera organizada por el Emperador de Jade para seleccionar a los doce animales que compondrían ese Zodíaco. Para alcanzar la meta, había que cruzar un río, lo que suponía un grave impedimento para los malos nadadores, la rata y el gato; pero ambos se sirvieron de su astucia para salvar ese obstáculo: pidieron al siempre bien predispuesto buey que los llevase sobre su lomo.

En medio de la travesía por el río, la rata empujó al gato al agua y lo apartó de la carrera; ella, al alcanzar la orilla, saltó a tierra, con lo que se convirtió en ganadora. El buey fue el segundo y el tigre, con su fuerza, llegó tras él.

En cuarto lugar, llegó el conejo, que después de varios saltos logró alcanzar la otra orilla del río. A continuación, apareció volando el dragón, que se había entretenido creando lluvia para ayudar a los humanos. Peor fortuna tuvo el caballo, que ya se acercaba galopando hacia la meta cuando se le acercó una serpiente y le hizo caer; de modo, que el reptil llegó antes. La cabra, el mono y el gallo decidieron ayudarse remando juntos en una balsa y llegaron juntos a la orilla. Fue el emperador el que decidió su orden de llegada: cabra, mono y gallo.

Los cinco elementos

Además de los doce animales, que influyen en la personalidad de los nacidos en el año asignado a cada uno de ellos, existen cinco elementos del yin y el yang que modifican el poder mágico que ejercen esos animales sobre nosotros. Esos elementos son el agua, la madera, el fuego, la tierra y el metal. A su vez, cada elemento se corresponde con uno de los cinco planetas principales según la astronomía china: Mercurio, Júpiter, Marte, Saturno y Venus. Combinando animal y elemento, se consiguen hasta 60 combinaciones diferentes de signos zodiacales que determinan lo que el entorno percibe de nuestra personalidad.

Animal interno y animal secreto

Pero por si el sistema no fuese suficientemente complejo, a la combinación de año de nacimiento y elemento hay que añadir otros dos factores, que el horóscopo chino denomina animal interno y animal secreto.

El animal interno es el que nos corresponde por nuestro mes de nacimiento. Para asignar un mes a cada animal se sigue el orden establecido antes; es decir, enero es el mes de la rata, febrero el del buey y así sucesivamente. Este animal interno influye de forma determinante en nuestra vida amorosa y sentimental, y determina cómo serán nuestras relaciones de compatibilidad con los otros signos. También marca la relación con nuestros padres y nuestros ancestros y será el encargado de regir nuestra fortuna durante el periodo de la vejez.

Por su parte, el animal secreto está marcado por la hora exacta a la que se produce el nacimiento y este es el que verdaderamente

La dualidad del yin y el yang también está presente en la astrología china. En los años de nacimiento pares, la influencia del aspecto yin del animal será mayor, mientras que en los impares la dominante será el yang.

define nuestra personalidad, nuestra verdadera esencia. Hay que tener en cuenta que la hora de nacimiento debe calcularse en función de la posición del sol y no de la hora local. El horóscopo chino divide las veinticuatro horas del día en periodos de dos horas, llamados *shichén*, y a cada uno de los doce animales le corresponde un *shichén* diferente.

En resumen, a cada persona le corresponden tres animales del horóscopo chino (el del año de nacimiento, el del mes y el de la hora), además de uno de los cinco elementos. Una extraordinaria complejidad en la que el poder y la magia que ejercen los animales sobre nuestras vidas queda muy patente.

RATA
Impaciente y ágil

Fecha nacimiento:
7 diciembre – 5 enero

Hora shichén: 23:00 – 1:00

N.ᵒˢ favorables: 2, 3

N.ᵒˢ desfavorables: 5, 9

Inteligencia y adaptabilidad

Esas dos cualidades destacan en este animal sagrado para la astrología china. Su intuición y su agudo sentido de la observación le permiten detectar los cambios del entorno y, reaccionar para adaptarse o huir. Quizá sea el animal con mayor capacidad de supervivencia.

Las personas que han nacido bajo este signo suelen ser optimistas y difícilmente se deprimen o se sienten superadas. Son muy sociables y emplean su inteligencia para desplegar su mejor cara ante los demás y así lograr su plena aceptación. Pero también saben guardar bien los secretos. Sienten gran curiosidad por todo lo que les rodea, les gusta investigar y presentan unas habilidades creativas y artísticas muy desarrolladas.

Por supuesto, no todo son ventajas y si hay algo que les falta es constancia y audacia en la toma de decisiones importantes. Así, tal como se ha explicado antes, ante situaciones de no mucho calado, actúa con rapidez y habilidad, pero si el asunto es más trascendente y complejo, requiere tiempo para analizarlo profundamente y supone la toma de una decisión arriesgada, la rata se bloquea y abandona el asunto sin resolverlo. Por eso, entre las personas de este signo no se suelen encontrar líderes de masas ni empresarios.

Esa falta de constancia se refleja en los sentimientos: con la misma velocidad que se apasionan, se enfrían. A veces se comportan con demasiado orgullo y egoísmo, centrándose en ellos mismos. Pero, ¿quién es perfecto?

Los signos aliados

Cuando se trata de relaciones amorosas, la asociación con los signos del dragón, el mono y el buey son las que le pueden proporcionar los mayores beneficios. El primero de ellos, el dragón, suele convertirse en una buena unión, ya que ofrece a la rata todo lo que necesita para alcanzar la felicidad a nivel emocional. Pero también le supone un esfuerzo, pues debe conquistar y seducir al dragón todos los días... y ya vimos que la constancia no es el punto fuerte de la rata. Con el mono encontrará la plenitud intelectual que no le proporcionaba el dragón y además, será el mono quien busque el amor de la rata, aunque esta debe responder positivamente a esa intelectualidad para que la relación prospere. Por su parte, la unión con el buey le resultará especialmente beneficiosa para desarrollar sus talentos, pues aquel le admirará incondicionalmente

Sus mayores rivales

Hay otros dos signos de los que las personas nacidas bajo el signo de la rata deben huir en lo tocante al terreno amoroso. El más peligroso es el gallo, que puede llegar a actuar como un verdadero vampiro, atrayendo hacia él todos los afectos de la vida familiar y las oportunidades en el aspecto social, para robárselos a la rata. Otro signo de dudosa asociación es con el caballo, ya que en general la unión no será fruto de una conquista voluntaria, sino forzada por las circunstancias.

LOS CINCO TIPOS DE RATA

Dependiendo del elemento del yin y el yang asociado a su año de nacimiento, hay rasgos que se acentúan positiva o negativamente.

Rata de agua: es sociable, sincera y complaciente, aunque un poco esnob, insensible y codiciosa.

Rata de madera: es muy ágil y tenaz, pero especuladora, intolerante y contradictoria.

Rata de fuego: es la más seductora y enérgica, a la que más le gusta la fiesta; pero suele ser caprichosa, ambiciosa e individualista.

Rata de tierra: intelectual, con sentido del humor y buena administradora, pero también hipersensible y no muy honesta.

Rata de metal: meticulosa y lógica, pero muy ostentosa y con tendencia a la tacañería.

BUEY
Paciente y noble

Fecha nacimiento:
6 enero – 3 febrero
Hora shichén: 1:00 – 3:00
N.ᵒˢ favorables: 1, 9
N.ᵒˢ desfavorables: 3, 4

Un trabajador incansable

Algunos pueden pensar que el buey es un animal lento y excesivamente tranquilo, y que esos atributos son los que imprimen en las personas nacidas bajo este signo del horóscopo chino. Aunque no se equivocan al mencionar esas características, también es cierto que son constantes, honestos, muy perseverantes y unos trabajadores incansables. Se trata de personas reflexivas, que estudian a fondo cada situación y valoran todas las opciones antes de tomar cualquier decisión. ¿Es malo ese ritmo pausado? No, es su forma de afrontar la vida y los retos que nos plantea. Eso sí, una vez tomada su decisión, avanzan hacia esa meta paso a paso, sin importar las dificultades. Tienen un gran sentido de la responsabilidad. Pero esa misma firmeza en seguir el camino marcado, si se lleva al extremo, puede dar lugar a actitudes inflexibles y a la incapacidad para aceptar consejos, lo que nunca es beneficioso. También genera dificultades para adaptarse a los cambios del entorno.

Son personas muy fieles en cuanto a los afectos, conservadoras, amables y con un gran magnetismo, pero no tienen facilidad para expresar sus sentimientos. Suelen mostrarse retraídos en grupo. Su carácter tranquilo les hace enemigos de las discusiones; prefieren aguantar hasta que llegan al límite y entonces estallan y arremeten con furia transformándose de animal tranquilo a toro salvaje.

Sus relaciones con otros signos

El buey cuenta con dos aliados que siempre le serán fieles, la serpiente y el gallo. Con la primera establece una relación de amistad duradera, ya que el buey admira

sus profundos conocimientos y esta se maravilla con la capacidad del buey para analizar y resolver los problemas. También con el gallo se complementa perfectamente. En las relaciones amorosas, esos mismos signos pueden acabar felizmente unidos, aunque en el caso del gallo, el romance solo prosperará si este ya disfruta de una buena posición económica y social cuando conozca al buey, para así satisfacer su gusto por las comodidades y el bienestar. En cambio existe un antagonismo con el dragón, la cabra y el perro. Al buey no le gusta la grandilocuencia del dragón ni al dragón la falta de ideales del buey. Con el caballo no tendrá éxito, pues uno robará protagonismo al otro. Y con la cabra... Ambos podrían crecer ¡desde el enfrentamiento! Algo no muy agradable. Con el perro es absolutamente incompatible.

Animal espiritual

El buey nos aporta resistencia y aguante ante cualquier situación complicada, haciéndonos descubrir y aprender a usar la fortaleza que llevamos dentro. También nos mostrará que la familia y los amigos pueden brindarnos cariño, apoyo y protección en los momentos difíciles. Tampoco hay que olvidar el significado del buey en el feng shui, pues su figura está relacionada con la prosperidad, el éxito y la abundancia. Conviene invocar a su espíritu cuando el entorno nos plantee desafíos y queremos superarlos, o si deseamos conservar el equilibrio y la paz interior en medio de un entorno teñido de dramas emocionales.

LOS CINCO TIPOS DE BUEY

Veamos qué rasgos de la personalidad varían en función de los tipos de buey y qué cualidades se potencian.

Buey de agua: es una persona plácida y equilibrada, pero también lenta y con tendencia al resentimiento.

Buey de madera: muy honesto y protector, en él siempre se puede confiar, pero a veces se muestra intolerante.

Buey de fuego: conservador, tenaz e idealista, pero autoritario y egoísta.

Buey de tierra: paciente y metódico en todo lo que emprende, pero también un poco vago y conformista.

Buey de metal: es independiente, discreto y leal, pero celoso y vengativo.

TIGRE
Aventurero y seguro

Fecha nacimiento:
4 febrero – 5 marzo
Hora shichén: 3:00 – 5:00
N.ºs favorables: 1, 3, 4
N.ºs desfavorables: 6, 7, 8

Poder y valentía

A nadie sorprenderá que las personas nacidas bajo el signo del tigre sean independientes y valientes. No se arredran ni se desaniman ante las dificultades, es más, los desafíos les estimulan. Su atractiva personalidad es optimista, entusiasta y aventurera; no hacen planes con antelación: son impulsivos y toman decisiones apresuradas. Al mismo tiempo, las personas tigre tienen gran confianza en sí mismas y elevada autoestima, son líderes natos, aunque acatan mal las normas... ¡excepto si las han creado ellas mismas! El peligro de este rasgo de su carácter es que pueden llegar a ser dominantes y autoritarias. Esto, unido a su tendencia a expresarse de forma clara y directa, les suele generar problemas y ganarse enemigos. A pesar de todo, les gusta colaborar y ayudar a los demás, pues poseen un elevado sentido de la justicia.

Apasionadamente románticos

Hay pocos animales que, como el tigre, imbuyan tanto romanticismo en las relaciones personales de quienes se hallan bajo su influjo. En este aspecto, el caballo le aportará una nueva dimensión a su existencia y suscitará su interés por facetas como el arte o la belleza. Será una unión feliz. Por su parte, la influencia del perro, aunque también beneficiosa, será la contraria, es decir, estimulará cualidades que ya poseía el tigre, pues le amará profundamente. Con quienes nunca podrá compartir afinidades será con la serpiente, ya que parten de concepciones de la vida muy diferentes; con el mono, cuya relación suele ser inestable y quebradiza; o con el cerdo, que le acompleja y le hace sentir incómodo, pues encarna los ideales que él persigue pero nunca llega a alcanzar.

Amuleto de riqueza

La tradición oriental asocia al tigre con Tsai Shen Yeh, el dios de la riqueza, al que habitualmente se representa sentado sobre este animal. Y es que el tigre es una fuerza cósmica que atrae la abundancia; por eso es recomendable llevar un amuleto con su figura cuando se emprende un negocio, una operación financiera, o simplemente un juego de azar. Aunque pueda parecer una contradicción, las personas tigre no conceden mucha importancia al dinero: pueden ganar y perder mucho sin que eso les ocasione frustración.

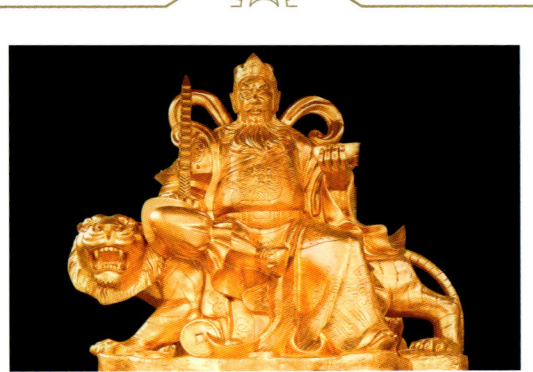

Tsai Shen Yeh, el dios de la abundancia y la prosperidad económica, adorado en el taoísmo y en la religión tradicional china.

Felicidad y astrología

Los periodos más felices de la vida de las personas nacidas bajo el influjo del tigre son de los 14 a los 21 años, de los 42 a los 49 y de los 70 a los 77. En esos intervalos todo se conjugará para que se sientan triunfadores y plenos de vitalidad.

En relación con los signos de la astrología tradicional occidental, los tigres de Géminis, Libra y Acuario alcanzarán mayores éxitos profesionales y personales. En menor medida los harán los de Aries, Leo, Escorpio y Capricornio. Y los que no tendrán tanta suerte, pues no encontrarán su lugar y solo conseguirán adaptarse precariamente, serán los de Virgo, Sagitario y Piscis.

LOS CINCO TIPOS DE TIGRE

Los elementos yin yang son muy influyentes en los rasgos de la personalidad del tigre que se acentúan ya sea en positivo o en negativo.

Tigre de agua: es una persona comunicativa y con mucha determinación, pero también un poco esnob y complicada.

Tigre de madera: emprendedor, generoso, valiente y apasionado; como contrapartida, también es rebelde e imprudente.

Tigre de fuego: aventurero y seductor nato, pero también orgulloso y libertino.

Tigre de tierra: muy poco convencional y sensible, aunque también puede mostrarse egocéntrico y obsesivo.

Tigre de metal: muy noble, atractivo y con capacidad de liderazgo, pero celoso, indomable y hasta cruel.

CONEJO
Pacífico y alegre

Fecha nacimiento:
6 marzo – 4 abril
Hora shichén: 5:00 – 7:00
N.ᵒˢ favorables: 1, 6, 8
N.ᵒˢ desfavorables: 4, 9

El reino de la armonía

Si hay algo que valoran las personas nacidas bajo el signo del conejo es la paz y la armonía. Les gusta la vida tranquila y se esfuerzan por ser corteses, amables y educados para crear a su alrededor un ambiente agradable, alejado de conflictos y violencia. Son los reyes de la diplomacia y la mediación cuando se trata de desenvolverse en situaciones delicadas. Además, son prudentes y discretos, moderados en todas las facetas de la vida e indulgentes con los defectos ajenos. Pero no hay que confundir esos rasgos de su carácter con algo parecido a la debilidad, sino muy al contrario; con personas de ideas muy claras, que se muestran perseverantes y poseen una gran autoconfianza y fuerza de voluntad para lograr las metas que persiguen. Simplemente, evitan los conflictos. Por este conjunto de cualidades humanas, suelen ser bien aceptados por todos.

También son inteligentes, tienen gran conciencia humanitaria y están dotados de una elegancia natural y un elevado gusto por el arte y la belleza. Se le considera uno de los signos más afortunados del zodíaco, ya que saben disfrutar y saborear las pequeñas alegrías que diariamente nos da la vida. Generalmente suelen anunciar el regreso de la primavera y se les invoca para atraer la magia de la fertilidad.

Los aspectos negativos

Todas las cualidades mencionadas antes y que aplicadas con sensatez hacen muy placentera la vida junto a las personas que se hallan bajo el influjo de este animal, pueden adquirir tintes negativos si se llevan al ex-

tremo. Por ejemplo, ese gusto por la paz que les domina, puede desembocar en una tendencia a la vida fácil y cómoda, a la huida de cualquier situación que altere su mundo, a escapar de la realidad y encerrarse en sí mismos. En ocasiones, también quieren dejar demasiado patentes sus esfuerzos en pro de la armonía y eso puede cansar a quienes le rodean y generar muchas críticas. ¡Y cuidado con eso, porque las personas del signo del conejo no las aceptan bien y les afectan profundamente! En cuanto a su faceta más tierna y amable, no hay duda de que siempre la ofrecerán a sus personas más cercanas y allegadas, pero con el resto puede quedarse en una simple pátina superficial.

Afinidades e incompatibilidades

Las personas nacidas bajo el influjo de la cabra y el cerdo serán las más compatibles con el signo del conejo. Con ambos existirá una afinidad perfecta, tanto en lo que se refiere al amor como a la amistad y se entablarán relaciones felices, equilibradas y duraderas. El signo del conejo también logra crear una buena relación con el perro y no solo a nivel personal, sino también profesional. Por el contrario, si existe una situación poco ideal es la que se genera cuando el signo del conejo se reúne con el del gallo, pues son completamente incompatibles y se crean multitud de malentendidos y discusiones

LOS CINCO TIPOS DE CONEJO

Las peculiaridades del conejo pueden variar bastante según el yin yang asociado al año de nacimiento.

Conejo de agua: es una persona sensible, pacífica e intuitiva, pero también dependiente, indecisa e insegura.

Conejo de madera: muy generoso y tierno, con instinto, pero un poco hipocondríaco y altivo.

Conejo de fuego: es el más romántico y seductor, pero excesivamente emocional, además de desordenado.

Conejo de tierra: cariñoso y hedonista, y actúa con tanta cautela que puede llegar a resultar pusilánime.

Conejo de metal: ambicioso, elegante y sensual, pero también envidioso, suspicaz y con tendencia al engaño.

DRAGÓN
Enérgico y soñador

Fecha nacimiento:
5 abril – 4 mayo

Hora shichén: 7:00 – 9:00

N.ᵒˢ favorables: 1, 4, 7

N.ᵒˢ desfavorables: 3, 8

Criatura mitológica simbólica

Hasta en el aspecto exterior, el dragón chino difiere muchísimo del occidental, con su cuerpo de serpiente y sus garras de tigre, pero sobre todo es su carácter lo que más cambia. En China, el dragón nunca es vengativo, sino sabio y poderoso, una criatura a la que pedir ayuda cuando se emprenda una aventura empresarial, cuando se tienen problemas de salud o simplemente, para pedir protección. Su nobleza, amabilidad y benevolencia con los humanos, así como su atracción por la buena fortuna lo convierten en poderoso talismán y como tal aparece representado en las pinturas, esculturas y arquitectura de templos y palacios.

Una personalidad brillante

En China, el dragón representa al emperador, el poder y el prestigio, y también a la energía yang, que es caliente, activa, rápida y luminosa. Todo ese simbolismo queda absolutamente patente en las personas nacidas bajo el signo del dragón: impresionan con su energía brillante y su apariencia noble. Son extrovertidos, carismáticos, les gusta seducir y que les admiren, y si no lo consiguen, dan rienda suelta a su mal humor. Necesitan que las cosas se hagan según sus normas, son perfeccionistas y no toleran los errores de los demás. Poseen un elevado idealismo y ponen todo su entusiasmo, energía y pasión en lograr sus propósitos, pero también saben rectificar y, si tropiezan con muchas dificultades o sienten que sus esfuerzos no van a llegar a buen fin, poseen la capacidad de abandonar sus

ambiciones y cambiar de objetivos sin sentirse abatidos, sin remordimientos ni lastres.

La buena suerte y la fortuna les suele sonreír en todos los ámbitos de la vida y es que, bajo su aparente capa de orgullo, hay una gran inteligencia, valentía, honestidad y generosidad hacia los demás. Son personas emotivas que demuestran un amor incondicional por su familia, pero también son capaces de afrontar la soledad.

La compatibilidad sentimental

Los signos de la rata y el mono son los aliados naturales de las personas nacidas bajo el signo del dragón, pero, además, tienen un amigo secreto, el gallo. El entendimiento entre el dragón y la rata suele ser excelente, pues las dos personalidades se combinan muy bien. Con el mono tiende a crear relaciones estables a largo plazo, aunque no están libres de altibajos, ya que a veces el mono puede encontrar demasiado autoritario al dragón. Pero, sin duda, el nexo amoroso más fuerte y estable lo crea el dragón con el gallo; este es yin y el dragón, yang, y en términos de elementos también se produce la misma complementariedad. Eso sí, para que el éxito sea completo, ambos tienen que evitar desencadenar una competición de egos, pues sería muy perjudicial. Tan perjudicial, nociva y desastrosa como es la relación que se establece entre el dragón y el perro, ya que todo es opuesto en ellos.

LOS CINCO TIPOS DE DRAGÓN

El dragón se identifica con los elementos de un modo característico. Todas sus variantes tienen virtudes y debilidades.

Dragón de agua: es una persona enérgica y franca, buena negociadora, pero también egoísta y despectiva con quienes no cumplen sus expectativas.

Dragón de madera: está dotado de un tremendo entusiasmo, es generoso y creativo, pero también arrogante y exclusivista.

Dragón de fuego: es competitivo, impaciente y ambicioso, pero imparcial en sus juicios.

Dragón de tierra: muy decidido y sensible, escrupuloso en el trabajo y afortunado en todos los ámbitos de la vida, pero fácilmente irascible e intolerante.

SERPIENTE
Misteriosa y reflexiva

Fecha nacimiento:
5 mayo – 5 junio
Hora shichén: 9:00 – 11:00
N.ᵒˢ favorables: 0, 5
N.ᵒˢ desfavorables: 1, 6

Gran poder de atracción

Belleza, brillantez y elegancia son tres de las cualidades que suelen adornar a las personas nacidas bajo el signo de la serpiente, unas características que unidas al halo de misterio que parece rodearlas, las hace muy atractivas. Tienen una intuición muy desarrollada, son prudentes, observadoras y les gusta conocer el aspecto más profundo de cualquier persona o situación. Sienten una profunda atracción por los temas espirituales, que consideran una parte importante de sus vidas.

Ofrecen una apariencia tranquila, calmada e introvertida y a veces se puede creer que son lentos en sus actuaciones, pero no es cierto; son personas inteligentes, con extraordinaria memoria, y su mente funciona con rapidez y agilidad, aunque no emprenden la acción hasta que no han analizado todo en profundidad y, a partir de ese momento, persiguen su objetivo con firmeza y voluntad. Pero si se sienten amenazadas, esa misma mente rápida les convierte en enemigos peligrosos, pacientes y tenaces, que no dudan en dar rienda suelta a sus impulsos más oscuros.

Armonía y enemistad

Los signos que mejor armonizan con la serpiente son el del buey y el gallo. Con el primero de ellos puede llegar a establecer una relación amorosa que perdure durante toda la vida, siempre que ambos pongan cuidado en dominar su naturaleza celosa; por el contrario, esa afinidad no se manifiesta tanto en las relaciones de amistad. Por lo que se refiere al binomio serpiente-gallo, la relación amorosa tardará en establecerse más que la anterior porque ambos se to-

man su tiempo para avanzar con seguridad en sus sentimientos, pero la unión final será firme.

Relación con la magia

La serpiente es un animal considerado mágico en casi todas las culturas, aunque asume diferentes rasgos y cualidades dependiendo de la que se trate. Alrededor de ella se tejen innumerables ritos y leyendas.

- ✦ **Primeras civilizaciones:** representa la fuerza primordial y primigenia, el puente entre el sol y la luna, entre el agua y el fuego.

- ✦ **Tradición mágica:** los druidas, chamanes y los magos de cualquier creencia la han usado como guía en su viaje al mundo de las almas.

- ✦ **Cultura celta:** símbolo del conocimiento secreto, de la astucia y el rejuvenecimiento.

- ✦ **Animal totémico:** simboliza la transmutación, la sabiduría y la renovación.

- ✦ **Grecia antigua:** el ouróboros (imagen de arriba), o serpiente que se come su propia cola, es el símbolo del infinito renacer.

- ✦ **Tradición hindú:** simboliza el agua como elemento de amor y fertilidad.

- ✦ **Tradición cristiana:** es la representación del diablo, que tentó a Eva y alejó a los hombres de Dios.

LOS CINCO TIPOS DE SERPIENTE

Existen cinco tipos de serpiente en función del yin y el yang de su año de nacimiento y que pueden derivar en cinco personalidades distintas.

Serpiente de agua: es una persona sociable, refinada, intelectual e intuitiva, pero muy mala perdedora y mentirosa.

Serpiente de madera: sabia, creativa y sensual, pero como contrapartida, también vanidosa, altiva y versátil.

Serpiente de fuego: enérgica, carismática y divertida, pero también dominante, posesiva y muy crítica.

Serpiente de tierra: ambiciosa, tranquila y reflexiva, a veces un poco lenta y perezosa, con tendencia a la infidelidad.

Serpiente de metal: fuerte, analítica y con una gran voluntad, pero también celosa, terca y radical.

蛇

CABALLO
Emprendedor y eficiente

Fecha nacimiento:
6 junio – 6 julio
Hora shichén: 11:00 – 13:00
N.ᵒˢ favorables: 2, 6, 8
N.ᵒˢ desfavorables: 1, 7

La libertad, indispensable

Ni trabas ni obstáculos ni ningún tipo de impedimento para experimentar un viaje de cualquier índole hacia lo desconocido. Ese es uno de los rasgos más acusados de la personalidad de quienes han nacido bajo el signo del caballo. Sentirse libres les resulta indispensable y pueden mostrarse un poco egoístas para conseguir esa vida ideal; si otra persona o una situación imprevista les priva de su libertad, su encanto y atractivo se transforma en intolerancia y agresividad. Y aunque es un buen amigo, extrovertido, generoso y leal, su continuo deseo de aventuras y movimiento a veces dificulta las relaciones. En el amor es sensual y encantador, pero su inclinación a la independencia pone en peligro la estabilidad de la pareja.

Son rápidos en el trabajo, pero a veces esa celeridad va en detrimento de la calidad, porque no les gusta dejarse aconsejar, ni les importan las opiniones de los demás. Son autosuficientes y con seguridad en sí mismos. Cuando alguien se les opone, se impacientan e irritan. Pero no guardan rencor. Tampoco muestran demasiado apego al dinero y son hedonistas.

Apegos y desapegos

Logran su mayor compatibilidad con los signos del tigre, el perro y la cabra. Con el tigre, la pasión amorosa y la admiración es total y absoluta; no importa que ambos posean un carácter fuerte y marcado, pues raramente se pelean y siempre logran un acuerdo. Con el signo del perro, la relación amorosa está asegurada, pues ambos sucumben a sus mutuos encantos. Pero el tándem caballo-perro puede sufrir muchos altibajos a largo plazo, pues el perro es muy celoso y al caballo le

gusta conocer a mucha gente, salir y ser libre. Por último, la relación caballo-cabra resulta muy armoniosa y es fácil que logren una felicidad duradera si ambos llegan al acuerdo de mantener un grado de «semilibertad» para el otro.

Por el contrario, las peores pesadillas del caballo se hacen realidad cuando establece relaciones con personas del signo de la rata. Aunque surja una gran atracción entre ellos, no lograrán conseguir ni amor ni amistad. Y es que ambos son acérrimos defensores de su libertad y no les gusta que nadie la restrinja. Con esa premisa, ¿cómo van a lograr convivir en armonía?

Un mito universal

El caballo aparece en todas las mitologías, desde las pinturas rupestres y tablillas de arcilla asirias hasta las leyendas europeas de Pegaso o el caballo gris de ocho patas que acompañaba al dios Odín. En todas esas leyendas, este animal se muestra como la encarnación de la libertad, la lealtad y la devoción. También como un indomable espíritu guerrero, resistente y valiente. Los celtas consideraban que pertenecía al dios del sol; los griegos y los romanos que era una creación de Poseidón/Neptuno; el simbolismo hindú lo asimila con el cosmos y, si es de color blanco, con la última encarnación de Vishnu. En definitiva, simboliza el poder, la nobleza, la belleza y la fuerza, pero, sobre todo, la libertad.

LOS CINCO TIPOS DE CABALLO

El caballo puede variar bastante de carácter según el elemento asociado a su año de nacimiento. Incluso como veremos, pueden ser muy diferentes entre sí.

Caballo de agua: es una persona sociable, enérgica, brillante y divertida, pero también hipócrita e inconstante.

Caballo de madera: creativo y deportista, pero poco realista y susceptible.

Caballo de fuego: extrovertido, apasionado, amante del buen vivir e independiente; como contrapartida, también es pretencioso e impetuoso.

Caballo de tierra: inteligente, metódico y aventurero, pero impaciente y oportunista.

Caballo de metal: tenaz, refinado, generalmente una persona de prestigio, pero también terco y un poco engreído.

CABRA
Compasiva y amable

Fecha nacimiento:
7 julio – 6 agosto
Hora shichén: 13:00 – 15:00
N.ᵒˢ favorables: 2, 7
N.ᵒˢ desfavorables: 4, 9

Gusto por el arte y la naturaleza

El espíritu de este animal se transmite a las personas nacidas bajo su signo y las hace apacibles, tolerantes, amistosas, empáticas y con una personalidad que emana dulzura. Estas cualidades les confieren un magnetismo especial y hacen que se sean bien aceptadas, pues muestran gran habilidad para el trato social. Con mucha frecuencia se muestran indecisas, les atrae lo espiritual, pero también lo terrenal, y oscilan entre ambos universos, sin elegir ninguno de una forma definitiva, al menos durante la juventud. Esta indecisión no es un obstáculo cuando se trata de ayudar a quien se encuentra en una situación complicada, nada les impide hacerlo y están dispuestas a perdonar los errores que otros cometan.

Son personas inteligentes y con una gran memoria, a las que les gusta alcanzar sus metas pacientemente y en un ambiente tranquilo, sin necesidad de llamar la atención o presumir de sus talentos. Están especialmente bien dotadas para cualquier actividad artística, así como para la investigación científica, y también aman la naturaleza, que les ofrece ese entorno de paz y libertad que precisan. A veces tienden excesivamente al sentimentalismo y eso les perjudica, porque se vuelven melancólicos y sus pensamientos se impregnan de negatividad.

Amores y desamores

Son personas que se enamoran muy fácilmente e, incluso, están dispuestas a soportar situaciones desagradables sin protestar... siempre que el amor sea recíproco. Si no, se marchan en busca de mejor compañía. Los signos más compatibles son el del conejo, el cerdo y el caballo. Con el primero se complementa perfectamente, tanto en las relaciones de amor como de amistad, pues el conejo aporta a la

cabra más madurez y esta ofrece espontaneidad. Con el cerdo funciona muy bien en el amor, logrando una relación equilibrada, estable y divertida; pero en la amistad, la sintonía no es tan perfecta, ya que el cerdo es más serio y responsable que la cabra. En el caso del caballo, ocurre lo contrario; en el amor logran una pareja armoniosa y feliz, siempre que ambos estén dispuestos a hacer concesiones, mientras que en la amistad, el entendimiento es perfecto

Pero si hay un signo con el que es incompatible es con el buey, tanto en el amor como en la amistad. Existe atracción, pero sus personalidades son tan diferentes que no es posible una convivencia pacífica.

Según el Zodíaco occidental

Para conocer el poder mágico de la cabra en el horóscopo chino y proyectarlo más certeramente, hay que completamentarlo con las predicciones de los signos del Zodíaco occidental. Así, los cabra de Cáncer, Escorpio y Piscis serán quienes se ajusten más a las características generales descritas y a quienes mejor les vaya en todos los aspectos de la vida. No les irá tan bien a los de Aries, Géminis, Virgo y Capricornio. Por su parte, Tauro, Leo y Acuario tendrán que realizar un gran esfuerzo de adaptación, pues su universo interno no corresponde con el externo.

LOS CINCO TIPOS DE CABRA

La cabra siempre se presenta con una vertiente amable y dulce, pero existen matices según el yin y el yang de su año de nacimiento.

Cabra de agua: dulce, comprensiva, complaciente e intuitiva, pero temerosa y, en ocasiones, con una actitud engañosa.

Cabra de madera: es una persona creativa, sentimental y caritativa, pero también inestable y desordenada.

Cabra de fuego: muy comunicativa y amable, pero caprichosa y con tendencia al pesimismo.

Cabra de tierra: es analítica y complaciente; también selectiva en la selección de su círculo más cercano.

Cabra de metal: pacífica y muy meticulosa, pero también egoísta, terca y celosa.

MONO
Inteligente y agudo

Fecha nacimiento:
7 agosto – 7 septiembre
Hora shichén: 15:00 – 17:00
N.ᵒˢ favorables: 4, 9
N.ᵒˢ desfavorables: 2, 7

Nunca le faltan ideas

Si hay un signo de mente ágil e inquisitiva, perspicaz y siempre llena de ideas, ese es el del mono. El poderoso influjo de este animal recae sobre las personas nacidas bajo su signo y hace que sean inteligentes, rápidas para detectar los problemas y tomar decisiones, incluso cuando la situación sea compleja. Pero eso no quiere decir que se arriesguen o se precipiten, muy al contrario; si después de analizar los pros y los contras de alguna circunstancia no sienten la seguridad de que saldrá bien, no actuarán. Por eso suelen ser buenos consejeros y asesores, tanto en el ámbito personal como en el profesional, y saben sacar provecho de las peores situaciones. Les gusta que les reconozcan su talento y pueden llegar a sentirse superiores al resto, por lo que, si notan que se duda de sus razonamientos o sus palabras, no muestran muchos escrúpulos en volverse manipuladores. En general, son grandes estrategas y les gusta exagerar y que todo el mundo admire sus dotes, lo que en ocasiones les hace parecer arrogantes e hipócritas, pero eso no les preocupa demasiado, ya que no son de espíritu muy sensible.

También son personas optimistas, con buen sentido del humor y un encanto innato, por lo que suelen ser muy bien acogidos en sociedad. Necesitan que su vida diaria esté llena de actividad y les gusta emprender continuamente nuevos proyectos y desafíos, pues así es como sienten que pueden disfrutar plenamente. Sus expectativas son muy elevadas y siempre tienden a alcanzar un nivel superior, lo que les convierte en seres muy exigentes consigo mismos.

Encuentros y desencuentros

Los signos que mejor armonizan con el del mono son los del dragón, la serpiente y, especialmente, la rata. Con esta muestra una compatibilidad total, tanto para el amor como para la amistad; siempre disfrutan de su mutua compañía, pues el encanto y los excesos del mono atraen a la rata, que es más discreta, mientras que la habilidad y la inteligencia de esta emocionan al mono y hacen que la considere su igual.

También las relaciones de amor y amistad con el dragón funcionan bien, aunque con altibajos, ya que el mono siente que el dragón es muy autoritario, y a este le apabulla un poco la poderosa energía y la pasión del mono; pero si logran encontrar el equilibrio, la relación será duradera. El tándem mono-serpiente no funciona mal en el amor, ya que la relación estará teñida de pasión, pero generalmente se tratará de una relación a corto plazo, a no ser que de vez en cuando se concedan tiempo para ellos mismos por separado; en donde el entendimiento resulta muy difícil es en la amistad, pues ninguno tiene la suficiente paciencia para escuchar y entender los puntos de vista del otro.

Pero si se habla de desencuentro absoluto, ese es el que tiene el mono con el tigre. Uno desconfía del otro y esa desconfianza va aumentando con el paso del tiempo, pues a ninguno de los dos le gusta sentirse controlado y ambos quieren dominar la relación; en definitiva, lo mejor es mantenerse alejados.

LOS CINCO TIPOS DE MONO

Como siempre, el mono fluctúa en virtud del año de nacimiento.

Mono de agua: es una persona visionaria y muy intuitiva, pero excesivamente soñadora e inconstante, a veces algo mentirosa.

Mono de madera: muy sociable, tolerante e imaginativo, pero con una personalidad complicada e impredecible.

Mono de fuego: extrovertido y atrevido, sensual y de mente ágil; como contrapartida, también se puede mostrar impaciente y arrogante.

Mono de tierra: muy cerebral y metódico en todos los ámbitos de su vida, pero a veces caprichoso y manipulador.

Mono de metal: es independiente, muy poco convencional y persuasivo, pero también celoso y teatral.

GALLO
Sociable e ingenioso

Fecha nacimiento:
8 septiembre – 7 octubre
Hora shichén: 17:00 – 1:00
N.ᵒˢ favorables: 0, 5, 9
N.ᵒˢ desfavorables: 2, 7

Con una personalidad radiante

El poder mágico del gallo se transmite a las personas nacidas bajo su signo y les confiere unos rasgos de personalidad tan marcados, que hace que se las ame o se las odie, pero nunca que se las ignore. Son personas con gran confianza en sí mismas, por lo que pueden parecer algo orgullosas y arrogantes, con una elegancia innata, siempre preocupadas por ofrecer una buena apariencia. Se muestran muy sociables, leales y protectoras con sus amistades, les gusta ayudar a los demás, pero también son demasiado directas en sus opiniones, que suelen expresar con poco tacto y diplomacia, lo que hace que se creen no pocos enemigos; y cuando esto sucede, o si consideran que alguien es demasiado autoritario o cruel o que abusa de su poder, toda su amabilidad se transforma en atrevimiento y crítica despiadada. Sin duda, tienen un carácter fuerte y no les agrada que se les lleve la contraria; les gusta controlar todas las situaciones y difícilmente reconocen sus errores, pues eso hiere su orgullo. También poseen una gran vitalidad, están pendientes de todo lo que sucede a su alrededor y les encantan los pequeños detalles.

Afinidad e incompatibilidad

Si hay un signo absolutamente compatible con el del gallo es el del buey. Las personas nacidas bajo el poder mágico de esos animales pueden establecer exitosas y duraderas relaciones, tanto de amor como de amistad. Y es que al buey le divierte mucho la arrogancia y la brillantez del gallo y le gusta protegerle; mientras que el gallo se siente seducido por la fortaleza y la capacidad para afrontar las dificultades del buey. Sin duda, podrán mantener una relación muy feliz.

Son muy distintos entre sí; a veces, antagónicos.

Gallo de agua: es un intelectual, de mente aguda y con sentido del humor, pero muy crédulo y algo obsesivo con los detalles.

Gallo de madera: pacífico, creativo y honesto, muy familiar, pero también excesivamente perfeccionista.

Gallo de fuego: audaz, con gran autoconfianza y excelente organizador, pero pesimista y nervioso.

Gallo de tierra: prudente, estudioso y con sentido crítico, austero, pero a veces muy severo y con poco tacto.

Gallo de metal: perseverante, perfeccionista y muy pendiente de su aspecto, necesita el reconocimiento social y es obsesivo con la higiene.

Otro signo con quien también se entiende bien el gallo es con el del dragón. Ambos se complementan, pues la energía del gallo es yin y la del dragón, yang, pero para que la relación funcione adecuadamente conviene que los dos repriman las demostraciones de orgullo, pues eso llevaría a un estado de competición que amenazaría la estabilidad de la relación.

Por último, los nacidos bajo el signo de la serpiente también podrán crear una feliz unión amorosa con los del gallo. Ambos son inteligentes, pero también calculadores, por lo que deberán evitar la demostración continua de sus habilidades. Otros aspectos que tendrán que cuidar son, por una parte, el económico, pues al gallo le gusta gastar, a veces derrochar, y la serpiente no lo tolera; y, por otra parte, la forma de relacionarse con otras personas, ya que el gallo le encanta seducir y gustar, pero la serpiente es muy celosa y posesiva. Vigilando esas cuestiones, todo irá bien.

Con quienes no existe ninguna posibilidad de acuerdo es con los del signo del conejo. Aunque la atracción pueda ser intensa, pronto comenzarán a producirse tensiones y malentendidos que minarán la vida en común.

PERRO
Lealtad y amistad

Fecha nacimiento:
8 octubre – 6 noviembre
Hora shichén: 19:00 – 21:00
N.os favorables: 3, 4, 9
N.os desfavorables: 2, 7

Elevado sentido de la justicia

Al igual que el perro es un animal fiel y leal, así son también las personas nacidas bajo el influjo de este signo. Aunque normalmente cuesta algo de tiempo ganarse su confianza, una vez que la entregan, se muestran honestas y sinceras, se ofrecen de manera absoluta y no eluden nunca la ayuda que precisen sus allegados. Pero hay que tener en cuenta que ese espíritu de dedicación solo lo disfrutarán unos cuantos elegidos, porque los nativos de este signo muestran una clara tendencia a catalogar a sus congéneres únicamente en dos categorías, buenos y malos, sin posibilidad de intermedios. Y si se entra en el grupo de los enemigos, no se permitirán ningún tipo de indulgencia con ellos. Suelen ser personas muy honestas y trabajadoras, discretas y que inspiran confianza, con gran poder de observación, intuitivas y perspicaces.

Pero, por supuesto, también tienen algunos rasgos de personalidad menos favorables. Por ejemplo, en el aspecto económico suelen ser bastante tacaños; en los temas amorosos se muestran muy celosos e intransigentes; y si se refiere a la salud, pecan de glotones e hipocondríacos.

Los signos compatibles

Tanto en las relaciones amorosas como en las de amistad, las personas pertenecientes a este signo se muestran completamente dedicadas a la pareja y los amigos, y son muy fieles. Las uniones más estables y felices las consiguen con las personas de los signos del tigre, el caballo y el conejo. Con este último, el romance transcurrirá de una forma serena y armoniosa, pues el perro apor-

tará seguridad y comodidad, y el conejo contrarrestará el carácter un poco rígido del otro; únicamente, este deberá reprimir un poco sus celos y permitir que la pareja conserve un pequeño espacio personal.

Con el caballo también podrá disfrutar de una relación pacífica y duradera, siempre que ambos estén dispuestos a hacer ciertas concesiones, pues las personalidades tan contrarias de cada uno de ellos, aunque pueden resultar muy atractivas al principio, luego es posible que generen desacuerdos. Precisamente esos caracteres tan dispares hacen más difíciles las relaciones de amistad entre ellos. Algo parecido sucede con el tigre, aunque en este caso las mayores concesiones las tendrá que hacer el perro, que debe conseguir mostrarse indulgente con el espíritu aventurero del felino; si lo logra, el éxito de la relación está asegurado, tanto en el amor como en la amistad.

Los caracteres opuestos

El antagonismo completo se produce con el dragón, pues mientras que este rebosa optimismo, le encanta asumir riesgos y no es especialmente cariñoso, el perro tiende a ser todo lo contrario: tremendamente pesimista, es muy cauteloso y necesita que se le demuestre (y demostrar) cariño continuamente. Sin duda, no forman un tándem ideal ni en el amor, ni en la amistad.

LOS CINCO TIPOS DE PERRO

Siempre bajo la premisa de la lealtad, presenta variaciones sutiles.

Perro de agua: es una persona agradable, intuitiva y refinada, aunque puede ser demasiado obstinado y rígido ante lo desconocido.

Perro de madera: noble, creativo, generoso y estable, pero tiene dificultad para expresar sus emociones.

Perro de fuego: optimista, teatral, agradable y aficionado a todo lo festivo, fuerte de carácter y sin miedo a combatir cualquier injusticia.

Perro de tierra: responsable, pragmático y tranquilo, con el instinto muy desarrollado, implacable si se considera amenazado o traicionado.

Perro de metal: honorable, austero, caritativo y conservador, pero también un oponente tenaz.

CERDO
Franqueza y amabilidad

Fecha nacimiento:
7 noviembre – 6 diciembre
Hora shichén: 21:00 – 23:00
N.ᵒˢ favorables: 1, 6
N.ᵒˢ desfavorables: 0, 5

El rey del hedonismo

Amable, generoso, tolerante, sencillo y con la moderación como norma para el trato social. Así podríamos definir, a grandes rasgos, la personalidad de los nacidos bajo el signo del cerdo. El optimismo y la alegría rigen su día a día, le gusta mantenerse alejado de los problemas, rechaza completamente cualquier conducta o acción reprobable y le desagrada la competición con otras personas. Es generoso y sincero en sus relaciones y no suele guardar rencor. Además, destaca por ser un buen trabajador, tranquilo, pero muy aplicado, perfeccionista y esforzado. Pero, si hay algo que define a la perfección su personalidad es su hedonismo, su constante búsqueda de todo lo que le produzca placer, ya sea la comida, la moda, el arte, la naturaleza o el amor.

Por supuesto, este signo también tiene sus desventajas. Por ejemplo, su generosidad hacia los demás hace que a veces peque de ingenuo y excesivamente confiado. Tampoco sabe enfrentarse bien a los problemas o a las situaciones complicadas, ante las que reacciona con inseguridad y falta de energía, y como es consciente de que ese comportamiento no es adecuado para salir del trance, se siente mal consigo mismo y le cuesta mucho recuperarse.

Amores y desamores

Cuando se trata de lograr una buena relación de amor o de amistad, los signos del conejo y el tigre serán las que mejor armonizarán con el cerdo. Con los primeros, todo será felicidad y equilibrio; ambos conocen los defectos del otro, pero los toleran sin que suponga una brecha en la relación. Con el tigre también funcionará bien, ya que el cerdo suaviza un poco el carácter del felino y este anima al cerdo a asumir algún riesgo en su vida.

Hay otro signo con el que puede establecer una relación amorosa animada y divertida: la cabra. En esa pareja, el cerdo asume más responsabilidad y despliega toda su sensualidad, mientras que la cabra aporta creatividad y gran variedad de intereses, y ambos disfrutan de su gusto por el lujo y la elegancia. Por el contrario, en la amistad y en el trabajo no todo es tan idílico, pues el cerdo es muy responsable y no soporta demasiado bien la frivolidad de la cabra.

Aunque si hablamos de desencuentros, el tándem cerdo-serpiente ocupa el primer lugar. Los caracteres de ambos son tan diferentes, que no hay posibilidad de que funcione ningún tipo de relación entre ellos.

Otras simbologías

En la cultura china, el cerdo es el símbolo del dinero y la riqueza, por lo que todas aquellas personas que deseen esos dones deben elegir a este animal como su tótem de la suerte y el éxito. Como contraste, en el budismo son otros los poderes sobrenaturales que se otorgan al animal; en esa religión, el cerdo simboliza la indolencia, la falta de disciplina y el gusto excesivo por el dinero, la comida y el placer sexual. Ya en occidente, para los celtas era un símbolo mágico y sagrado de fertilidad, y el acompañante y consejero de las hechiceras.

LOS CINCO TIPOS DE CERDO

Con sus cualidades y sus defectos, el cerdo siempre inclina la balanza a su favor, haciendo prevalecer lo positivo.

Cerdo de agua: es una persona diplomática, sensual, pero narcisista, derrochador y un poco rencoroso.

Cerdo de madera: muy sociable y abierto, optimista y generoso, pero un poco ingenuo y glotón.

Cerdo de fuego: curioso y decidido, en una búsqueda constante del placer, pero algo apegado al lujo y la riqueza.

Cerdo de tierra: con gran visión estratégica y habilidad, muy familiar y protector, pero tiende a frustrarse debido al deseo de abarcar mucho.

Cerdo de metal: muy expansivo y abierto, pero adicto al trabajo y con ataques de ira incontrolados.

ANIMALES TOTÉMICOS

Los animales son fuente de aprendizaje y vehículo de conexión con la Madre Naturaleza. Así lo entendieron desde antiguo nuestros antepasados más primitivos, que sentían un profundo respeto por ellos, y les atribuían no solo capacidades físicas, sino también cualidades espirituales mágicas conectadas con sus características naturales.

Incorporar en nosotros la energía de un animal concreto convierte a este en nuestro tótem, en ese ser que nos protege desde el nacimiento, nos guía en el camino y nos proporciona enseñanzas beneficiosas a lo largo de nuestra vida. Escuchándole, podremos establecer esa conexión con el mundo natural, con la fuente primaria de la que emana la vida, que es algo que se ha perdido en las sociedades modernas.

En las siguientes páginas describiremos la ayuda que nos pueden proporcionar algunos de los más poderosos animales totémicos.

Adoptar como guía a un animal totémico nos hace partícipes de sus cualidades, de su energía interior y nos recuerda quiénes somos realmente, qué papel desempeñamos en el planeta, y cómo recuperar el vínculo con el resto de los seres que lo pueblan. Ante la presencia de la magia energética que nos transmiten los animales totémicos, nuestros canales intuitivos se abren y tomamos conciencia de nuestro propio poder, de nuestras fortalezas y debilidades, de lo más luminoso y de lo más sombrío de nosotros mismos. Siempre actuando desde el respeto a todas las criaturas para solicitar su ayuda en la búsqueda del camino espiritual.

El espejo del alma

En la naturaleza todo guarda un equilibrio y nosotros, como parte de ese mundo natural, debemos aprender a respetarlo y conservarlo. De ese modo, podremos conectarnos con las energías que fluyen por él, tanto si proceden de las plantas, de los animales o de las piedras, y enriquecer y desarrollar las fuerzas profundas de nuestro propio ser.

Volviendo la mirada hacia la tradición chamánica, se nos revela que cada uno de nosotros se encuentra conectado a uno o más animales totémicos y que esa conexión no es aleatoria, sino que se trata de un vínculo basado en aspectos esenciales de nuestra personalidad. Así, el animal totémico se convierte en un espejo de nuestra alma.

A lo largo de nuestra existencia pasamos por varias etapas: infancia, juventud y madurez, así que es lógico pensar que el animal que nos sirva de guía e inspiración no pueda ser el mismo durante toda la vida, sino que deberá ir cambiando dependiendo del momento vital en el que nos encontremos. También es posible que acuda a nosotros solo de forma puntual, cuando en situaciones de transición precisemos algunas cualidades concretas de un animal. Sin embargo, hay casos en los que un animal nos acompaña y guía fielmente desde que nacemos hasta que nuestros días llegan a su fin. En esto, como en todo lo relacionado con el flujo y el intercambio de energías cósmicas y naturales, no existen reglas inmutables.

Lograr la orientación del animal totémico nos aporta fortaleza, nos ayuda a buscar el yo interior para afrontar la vida con claridad y con un propósito definido.

Cómo llegar hasta él

Llegados a este punto, es importante señalar que habitualmente no somos nosotros quienes decidimos qué animal actuará como tótem en nuestra vida, sino que será el propio animal el que realice la elección. Hay varias formas de que nuestro guía revele su presencia ante nosotros. Sea cual sea el método que elija, siempre es imprescindible que mantengamos una actitud abierta y respetuosa ante este proceso de descubrimiento, que creamos en él y aceptemos de buen grado la poderosa conexión mágica que se va a establecer.

Meditación

Es uno de los métodos más efectivos. Primero habrá que lograr un estado apropiado de concentración y paz interior, y después pedir al animal tótem que se revele ante nosotros. Si necesitamos a alguno en concreto por sus cualidades, intentaremos visualizarlo antes de hacer la petición.

Conexión natural

Conectar de una forma lúcida con la naturaleza y prestar atención a los otros seres vivos que nos rodean ayudará a que adquiramos conciencia de los animales que se nos muestran con mayor frecuencia y podremos investigar su simbolismo y sus cualidades para conectar con ellos.

Intuición

Nuestros instintos y sentimientos pueden sernos de gran ayuda en el proceso de descubrimiento del animal totémico que nos servirá de guía. Abrirnos a ese autoconocimiento nos revelará cuáles son aquellos con los que sentimos una mayor conexión espiritual.

Sueños

La interpretación de los sueños que tenemos habitualmente también puede servirnos para conectar con nuestro tótem. Hay que prestar atención a los animales que aparecen en ellos, al entorno en que lo hacen y a la acción que desarrollan durante ese estado onírico.

ÁGUILA
El chamán del cielo

Simbología: majestuosidad, poder, sabiduría.

Signo del Zodíaco: Escorpio (23 octubre - 21 noviembre).

Poderes: discernimiento, valentía.

Ascender hacia lo divino

Superar todo lo humano y acercarnos a la espiritualidad. Esa es la lección principal que nos ofrece el águila como animal totémico. Su poder nos proporciona valentía, fuerza, coraje y clarividencia para acercarnos a la verdadera unidad de todas las cosas. El águila es símbolo de majestuosidad, sabiduría, vitalidad, pasión y fuerza de carácter, es un animal solar que nos infunde todas sus cualidades para que hallemos nuestro verdadero poder personal, para que logremos el deseado equilibrio entre todos los planos de nuestra existencia (físico, mental, emocional y espiritual). Nos proporciona tenacidad y meticulosidad en el trabajo, así como una visión clara para analizar lo que nos rodea, para observar los problemas «desde fuera», con mayor objetividad, y seguir el camino que consideremos más beneficioso para nuestro crecimiento. Y el poder mágico del águila permanecerá con nosotros hasta que hayamos conseguido ese objetivo.

A fin de sacar el mayor provecho de los beneficios que nos proporciona el águila como animal totémico, debemos saber interpretar algunas señales. Por ejemplo, si visualizamos a este animal durante el sueño o en el transcurso de una meditación, significa que ya hemos generado el poder interior suficiente para llevar a cabo el proyecto personal que nos hayamos planteado, ya que nuestro ego se encuentra adecuadamente reforzado. Pero también implica una responsabilidad para con los demás, que es la de iluminarles en su camino vital, una tarea compleja, pues requiere energía y esfuerzo.

El águila es el animal espiritual por excelencia.

Celtas: la vinculaban con la deidad solar.

Antigua Grecia: era tan poderosa que podía atravesar el cielo mirando al sol sin cegarse.

Antigua Roma: era un símbolo del poder del Imperio y aparecía representada en las monedas.

En el cristianismo: se asociaba con San Juan Evangelista y el arcángel San Gabriel.

En Extremo Oriente: aparece asociada a los dioses del poder y de la guerra.

Culturas indígenas norteamericanas: símbolo del chamanismo y unión con el poder divino de la naturaleza.

También es importante que nos fijemos en el tipo de águila que nos sirve de guía. Así, el águila real es la que favorece una perspectiva y una visión más amplia de todas las situaciones; el águila calzada nos ayuda a valorar lo que nos rodea; y si se trata de un águila calva, sus poderes se dirigirán preferentemente a que logremos el equilibrio.

Símbolo del chamanismo

En la ancestral práctica del chamanismo, todos los ritos los llevaba a cabo un hombre, el chamán, que obtenía su poder de las fuerzas de la naturaleza y así lograba hacer de puente entre el mundo físico y las fuerzas invisibles. Y precisamente el animal por excelencia que representaba al chamán y le transmitía todos sus poderes sobrenaturales era el águila.

Se decía que, igual que el ave volaba a gran altura y poseía una magnífica visión, el chamán podía contemplar todas las situaciones desde una perspectiva elevada y así percibir cosas que habitualmente no veía el ojo humano. Si durante la celebración de un ritual chamánico por causalidad una de estas aves se posaba cerca, significaba que había transmitido las plegarias y los deseos humanos hasta el Espíritu Supremo y que este las había aceptado y concedía como regalo la cura o las visiones que se le habían pedido.

LEÓN
La fuerza del corazón

Simbología: poder espiritual, fuerza, sabiduría.

Signo del Zodíaco: Leo (23 julio – 22 agosto).

Poderes: justicia, orgullo, energía, liderazgo, nobleza.

Equilibrio y buen juicio

Los atributos de poder, valor, fuerza, coraje y dominio que se atribuyen al león se transmiten directamente a la persona que lo acepta como animal totémico, pero unidos a un simbolismo de justicia, dignidad, sabiduría, autoridad y liderazgo, conformando un legado de honor, equilibrio y buen juicio. El tótem león transmite un mensaje de prudencia, de dominio del subconsciente y los sueños para mantener la mente en un estado de sensatez y moderación que no nos haga caer en exageraciones y nos permita lograr la armonía en todos los aspectos de nuestra vida diaria. El honor y la integridad deben regir nuestros actos, que siempre tienen que estar guiados por la fuerza del corazón. Especialmente en los periodos de conflicto debemos mostrar autoridad para defender lo que deseamos o amamos, pero nunca con dominancia, sino teniendo fe en lo que perseguimos y ayudando a los demás para que también encuentren su camino.

En definitiva, nos enseña a conocer nuestras fortalezas y nuestras debilidades, a esperar pacientemente para actuar en el momento más propicio. Ese es el verdadero poder del león, el de la superación y la madurez para silenciar el ego cuando sea necesario, para evitar los juicios apresurados, y finalmente, alcanzar el éxito y el triunfo.

Animal de poder

Todas las enseñanzas simbólicas que nos ofrece el león como animal totémico quedan muy bien resumidas cuando se estudia el significado de un sueño en el que se nos aparece un león. Al contrario de lo podríamos pensar, su presencia no nos tiene que causar temor ni hacer que surja en nosotros la necesidad de defendernos de un peligro desconocido; el mensaje que en realidad desea transmitirnos es que seamos conscientes de nuestras emociones, que nos fijemos más en ellas y busquemos la armonía.

Nos enseña a interactuar en grupo y a que utilicemos nuestro poder con sabiduría y fortaleza interior, estando seguros de esos valores y poniendo el foco en mantener la calma para que nuestras acciones se guíen por la generosidad, el honor y los valores éticos.

En la alquimia y el tarot

El león ha sido considerado tradicionalmente el rey de los animales y en alquimia se asimila al oro, el rey de los metales. Así se convierte en un símbolo de riqueza, de fuerza y poder (al relacionarse con el fuego) y de ascensión e iluminación, pues se equipara al Sol. Es el último protector de los secretos de la alquimia, el vitriolo sólido necesario para transformar la materia en la piedra filosofal. Hay una carta en el Tarot, la Fuerza, con una dama que domina a un león. Simboliza el control sobre la pasión y los impulsos, la esencia del león como animal totémico.

SIMBOLOGÍA

El león es la esencia de un líder sabio y justo que simboliza la fuerza interior.

Civilizaciones antiguas: era un símbolo de protección, guardián de palacios, tronos, altares y puertas.

Egipto antiguo: representaba el calor del Sol y se asimilaba a la diosa Sekhmet, cuyo poder ayudaba a los buenos y aniquilaba a los malos.

Antigua Grecia: el león se identificaba con los dioses de la mitología clásica Dioniso, Febo, Artemisa y Cibeles.

En el cristianismo: es símbolo de sabiduría, justicia y realeza divina; otorga piedad, protección y destrucción del mal.

Hinduismo: es la personificación de Visnú.

Budismo: simboliza la coherencia, la fuerza y la sabiduría.

BISONTE
El espíritu de la tierra

Simbología: totalidad, abundancia, estabilidad.

Signo del Zodíaco: Tauro (20 abril – 20 mayo).

Poderes: salud, fuerza, larga vida.

Reverencia y gratitud

El bisonte como tótem capta todo el poderío de este enorme animal y su simbolismo de fuerza, consistencia y estabilidad. Además de una visión más profunda que abarca desde la gratitud y la bendición, hasta la abundancia y la prosperidad, no tanto a nivel material como espiritual, es acceder a la serenidad y la calma interior, a la alegría y la paz. El bisonte nos enseña a respetar y a tomar conciencia de lo que nos rodea, a moderar nuestra ambición personal y a practicar el desapego, así como a mostrarnos generosos en nuestras relaciones, ya que todos formamos parte de la vida. Cada uno puede escoger su propio camino para transitar por esa vida, pero aunque todos sean diferentes, hay que reconocerlos y respetarlos. Todo eso entrelaza con otro de los poderes mágicos de este animal: la preservación de lo que tenemos, de toda la diversidad de nuestro mundo, para que también lo disfruten las generaciones futuras.

Amuleto curativo

En el ámbito chamánico, el bisonte ha sido considerado como el amuleto por excelencia para preservar la buena salud y lograr una larga vida, ha sido un elemento protector cuyo poder se extiende tanto a la sanación del cuerpo como a la del espíritu. Ya en la prehistoria, el bisonte era venerado y respetado por su gran poderío físico y, como tal, se representaba en las pinturas rupestres que adornaban las cuevas. Pero donde esta tradición mágica se asentó con mayor fuerza fue entre las tribus nativas de las grandes llanuras norteamericanas, de donde proviene el bisonte.

Siempre unido a la idea de fuerza, salud y abundancia, el bisonte representa cosas diferentes en distintas culturas y fuentes.

Tribus indias norteamericanas: representaba la totalidad, el principio creador que daba origen al resto de las formas vivientes.

China e India: le consideran un animal dotado de una gran fuerza interior, al que se debe acudir para lograr la fuerza y la perseverancia que se necesitan en la persecución de un objetivo.

En los sueños: si durante el sueño o en una sesión de meditación se nos aparece un bisonte, es un anuncio de que la prosperidad va a llegar hasta nosotros.

Para ellas era un símbolo sagrado, un recordatorio de que nosotros y todo lo que nos rodea forma parte de una entidad mayor, de carácter místico, que engloba la totalidad del conjunto. El bisonte encarnaría la manifestación física de la extraordinaria riqueza del universo energético. Y no debe extrañarnos esa concepción mágica, pues la supervivencia de esas tribus se basaba principalmente en ese animal: lo cazaban y empleaban su carne para alimentarse, su piel para vestirse y construir sus refugios, y los huesos y los tendones para elaborar adornos, medicinas y amuletos con los que el chamán cuidaba la salud de la comunidad. Era un ser protector que simbolizaba la energía del Gran Espíritu y cedía su fuerza y su potencia a quien lo derribaba.

La leyenda del bisonte blanco

Según la tradición de la tribu india de los Lakota, una hembra de bisonte de color blanco se les apareció en el principio de los tiempos y les enseñó la agricultura para mantenerse y prosperar. También les dio lecciones de espiritualidad, explicándoles que el universo les amparaba y protegía, que todas las cosas que les rodeaban estaban interconectadas y que el ser humano, como parte de ese ente universal, debía respetar la naturaleza y cuidarla con esmero. Ella fue la que concedió a la tribu la pipa sagrada para que, al fumarla el jefe o el chamán, el humo que se desprendía del tabaco les uniese al Gran Espíritu y revelase la verdad de las palabras.

OSO

Conocimiento interior

Simbología: introspección, fuerza, poder.

Signo del Zodíaco: Virgo (23 agosto – 22 septiembre).

Poderes: salud, energía, potencia sexual.

Una evidente dualidad

El oso representa uno de los tótems más poderosos dentro del ámbito de las energías, y también es uno de los que engloba poderes mágicos que aparentemente resultan más antagónicos. Y es que, al igual que sucede con el propio animal, su energía totémica nos infunde potencia, valentía, fuerza, poder y soberanía, al mismo tiempo que benevolencia, paciencia y un gran poder de introspección, es decir, de observación y valoración interna de los pensamientos, los sentimientos y los actos. Podría parecer que todas estas cualidades se encuentran en conflicto, pero no es así. Cuando la persona que recibe la magia del oso se halla en una situación favorable, sin aparentes conflictos, exhibe sus mejores cualidades: es amistosa, positiva, feliz, muy volcada en su propio conocimiento interior, reflexiva; nunca toma decisiones rápidas e impulsivas, sino que tiene la profunda convicción de que los planes deben meditarse, analizarse cuidadosamente, antes de llevarlos a la práctica y que esto debe hacerse esperando siempre el momento más oportuno. Esta forma de actuar, con sabiduría y tras un minucioso análisis, garantiza a la persona la consecución de sus sueños y sus metas, afirma su autoestima y refuerza su capacidad de liderazgo.

Solo cuando presiente que le acecha algún peligro, o que su espacio está siendo invadido por energías negativas, reacciona violentamente y hace ostentación de sus otras cualidades: fuerza, potencia y vigor, y una majestuosidad que no deja indiferente a nadie. No duda en defenderse y atacar ferozmente si es necesario; por eso no conviene provocar nunca la ira de quienes tienen al oso como animal totémico.

Los valores familiares

Otro de los aspectos más destacados cuando se adopta al oso como espíritu guía, es la gran importancia que adquieren los valores familiares, especialmente cuando en lo que respecta a las relaciones filiales, a las que se entrega con absoluta responsabilidad, dedicación y espíritu protector. Es en el ámbito de la familia donde la persona con el poder totémico del oso se desarrolla mejor, de manera más armónica, satisfactoria y equilibrada, por lo que también es una de las facetas de su vida que defiende más celosamente de ingerencias externas.

Poderes curativos y alquímicos

Desde las culturas más primitivas hasta la actualidad, se ha creído en los poderes curativos del oso y en su capacidad para otorgar salud. En las culturas naturalistas, el propio chamán en ocasiones se cubre con una piel de oso o luce amuletos hechos con sus garras o sus dientes. Algunas incluso afirman que el oso fue el primer chamán que existió. Y esa potencia mística que posee también se ha trasladado a la tradición alquímica, que consideraba a este animal como un símbolo de la transformación y con una resonancia energética que perduraba durante largo tiempo.

SIMBOLOGÍA

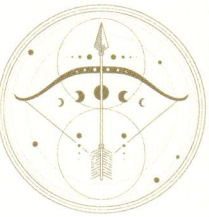

El oso es uno de los tótem más poderosos para guiar a los humanos.

Entre los pueblos celtas: se le consideraba un animal conectado con la Luna y con la diosa Berna y simbolizaba el valor de los guerreros.

Antiguas Grecia y Roma: era un animal consagrado a Artemisa/Diana, la diosa de la caza, y en su honor se realizaban diversos cultos.

Mitología escandinava: su dios supremo, Odín, en ocasiones adoptaba el aspecto de un oso, para simbolizar su poder, y los guerreros vikingos se cubrían con pieles y máscaras de ese animal para aumentar su ferocidad en la lucha.

Tribus indígenas de Norteamérica: durante las ceremonias mágicas, el chamán cubría su rostro con una máscara de oso para aumentar su poder de introspección.

DELFÍN
Generteosidad y sabiduría

Simbología: capacidad de comunicación, sabiduría, equilibrio.

Signo del Zodíaco: Piscis (19 febrero - 20 marzo).

Poderes: alegría, vitalidad, generosidad, amistad.

Un tótem muy positivo

Alegre, armonioso, equilibrado, juguetón, feliz, sociable, empático, comunicativo, generoso. Estas son algunas de las numerosas cualidades que aporta el tótem delfín a nuestra vida. Su energía mágica nos enseña a disfrutar plenamente y de forma consciente de los momentos de felicidad que se nos presenten, a liberar las tensiones acumuladas a través del juego, a valorar más las emociones y a lograr el equibrio y la armonía en nuestro entorno a través de la cooperación generosa y la empatía; finalmente, también nos recuerda la gran importancia que tiene la comunicación verbal libre y respetuosa, tanto para expresar nuestros pensamientos, emociones e inquietudes con autenticidad, como para saber escuchar atentamente y de forma activa los de otras personas.

El delfín como guía totémica nos impulsa a sacar lo mejor de nosotros mismos, a explorar la vida desde una actitud alegre y positiva, animándonos a fortalecer las relaciones con nuestro entorno, a sintonizar nuestra energía interior para llevar una existencia más placentera. También nos recuerda la importancia de dedicar un tiempo a las actividades que nos resulten lúdicas, ya que así estaremos más equilibrados y disfrutaremos de un mejor estado anímico; en esas condiciones favorables, podremos afrontar los problemas con mayor serenidad y sabiduría. También suaviza nuestro carácter y potencia la amistad. Y, muy importante, nos muestra cómo discurrir por nuestra existencia «siguiendo la corriente», es decir, no empeñándonos en tomar caminos llenos de obstáculos por los que nos resultará difícil transitar, sino buscando la manera de alcanzar nuestra meta sin malgastar los esfuerzos, una forma que quizá no sea la más rápida de llegar, pero sí la menos traumática para nosotros.

Conectar con el tótem delfín

Lograr la conexión con un animal totémico siempre es una experiencia transformadora y compleja, que requiere que nos mostremos receptivos, que nos abramos a recibirla. La forma más habitual es a través de la meditación, visualizando al animal en su medio natural y sintiendo cómo su energía nos alcanza y fluye a través de nuestro cuerpo y nuestra mente. En el caso del delfín, realizar este ejercicio cerca del agua, o incluso sumergidos en ella, nos puede ayudar a lograr una conexión más rápida. También la música o la repetición de algún mantra que favorezca la concentración.

El delfín está considerado un tótem dual, tanto solar como lunar. Se estima solar porque es activo, inteligente y vibrante, capaz de renovarnos interiormente. Al mismo tiempo, también se contempla como lunar, pues posee una notable intuición y está integrado en el medio marino, cuyo movimiento a través de las mareas se relaciona con los ciclos de la Luna.

Como tótem solar y lunar el delfín representa los poderes de algunos dioses de la época clásica.

Cultura celta: el delfín era el guardián de las aguas y el protector de los pozos sagrados.

Antigua Grecia: era el compañero del dios Apolo y la de la diosa Afrodita, y el encargado de llevar las almas de los muertos a la Isla de los Bienaventurados. Se dice que el dios Apolo se convirtió en delfín para llegar hasta la isla de Delfos y fundar allí el templo que alojaría a su oráculo.

Cristianismo: representa un símbolo de la resurrección.

Cultura maorí: se venera al delfín por su sabiduría y su capacidad para proteger y guiar a los marineros hasta un puerto seguro.

CÓNDOR
El mensajero de los dioses

Simbología: elevación, superación, regeneración.

Signo del Zodíaco: Aries (21 marzo – 19 abril).

Poderes: rescate, cambio positivo.

Tótem rescatador

Para entender la poderosa magia del cóndor debemos profundizar y ahondar en el significado más positivo que tiene esta ave en algunas partes del mundo. Es un animal que vuela a grandes alturas y, por tanto, disfruta de una visión amplia y completa de lo que le rodea. Esa amplitud de miras es uno de los grandes regalos que nos hace como animal totémico, pues nos eleva por encima de nuestras limitaciones y permite que veamos tanto lo que nos rodea como nuestro propio interior. Ese es el primer y definitivo paso para que canalicemos adecuada y eficientemente nuestra energía interior; pero no solo eso, ya que también nos transmite el apoyo de todas las fuerzas energéticas de la tierra. Ese inmenso poder hará posible que nos superemos y, en determinados momentos de nuestra vida, nos «rescatará», permitirá que salgamos indemnes de determinadas situaciones que nos angustian y nos paralizan. Por eso, el cóndor está considerado como un tótem salvador o rescatador, con poder para que nos purifiquemos y renovemos, alejándonos de todo lo malo o negativo que nos perjudica y abriéndonos a nuevas etapas en nuestra vida. A todos estos beneficios que nos ofrece el cóndor como guía espiritual, hay que añadir que también resulta un excelente modelo de amistad y compañerismo, de amor, entendido en su sentido más puro e incondicional.

Muerte y profecía

No conviene olvidar otros dos aspectos con los que se relaciona la magia de este animal. Uno de ellos es con la muerte y, ciertamente, aunque

tiene el poder de anunciarnos el fallecimiento de algún ser querido, en la mayoría de los casos hace referencia a esa capacidad de rescate de la que hemos hablado, a ese renacimiento o tránsito de una etapa a otra de nuestra vida. El segundo aspecto con el que se le relaciona es con el poder de las profecías, ya que la altura de su vuelo permite a ciertas personas disfrutar de la capacidad de tener visiones. Por ejemplo, los chamanes buscan su guía en esta faceta.

Mensajero de los dioses

Aunque muchas culturas ancestrales han venerado al cóndor como animal totémico, son las andinas las que le han otorgado mayor significado. Tanto en las culturas preincaicas de Bolivia y Perú, como más tarde en las incaicas, el cóndor se ha considerado un animal sagrado, un mensajero de los dioses que servía de vehículo de comunicación entre estos y los seres humanos, siendo portador de buenos y de malos augurios. También era un símbolo de poder y energía, pues se consideraba que era el responsable de levantar al sol cada mañana y elevarlo sobre las altas cumbres. Y como complemento de su magia y poderes, se pensaba que era inmortal, pues cuando se sentía viejo y agotado, se dejaba caer desde los altos riscos andinos, pero no moría, sino que ese vuelo «suicida» restauraba su vigor, le rejuvenía para regresar a su vida.

SIMBOLOGÍA

El condor está siempre en muchos pueblos, siempre con un simbolismo de regeneración y elevación, especialmente en América Latina, donde ya desde los primeros incas se le consideraba un animal sagrado y mensajero de los dioses.

En la actualidad, cada país enriquece ese simbolismo con otros atributos adicionales.

Colombia: se considera al cóndor un símbolo de libertad y orden.

Ecuador: representa grandeza, poderío, valor.

Bolivia: en este país, el cóndor simboliza la búsqueda de nuevos horizontes, sin limitaciones de ninguna clase.

Chile: es un símbolo inequívoco de fuerza.

Argentina: representa la longevidad, aquel que no envejece nunca.

CAMELLO
Autosuficiencia y superación

Simbología: protección, resistencia, paciencia.

Signo del Zodíaco: Cáncer (21 junio – 22 julio).

Poderes: superar los cambios, protección en viajes y aventuras.

Superación constante

Una de las más provechosas enseñanzas que nos ofrece el camello como animal totémico es el descubrimiento de nuestra propia fuerza interior para superar cualquier cambio, dificultad o desafío que se presente en la vida, y hacerlo con determinación, sin perder la paciencia durante el proceso, manteniéndonos fuertes y confiando plenamente en nosotros mismos. Esta lección tan importante y positiva de resistencia a los desafíos, paciencia en los momentos difíciles, autosuficiencia y adaptabilidad a las circunstancias cambiantes debemos aplicarla en nuestra vida diaria con sabiduría y equilibrio para no caer en comportamientos extremos, que resultarían muy negativos y nos llevarían a ser excesivamente testarudos en la persecución de una meta que, quizá, esté fuera de nuestro alcance. Se trata de expandir nuestras capacidades, mantener la calma en las situaciones estresantes y reconocer nuestra energía y fortaleza internas para afrontar lo que llegue, pero sin perder el espíritu crítico. Si no es posible superar el cambio o la dificultad, habrá que llevar la carga con espíritu animoso. Estas importantes enseñanzas podemos aplicarlas tanto en el plano físico como en el espiritual, y no solo nos servirán a nosotros, también tendremos que mostrárselas a los demás para que las aprovechen en su propio beneficio.

Conectar con el tótem camello

La meditación es la forma más habitual para lograr conectar nuestra propia energía con la del animal tótem. Para tener éxito hay que buscar un espacio en el que nos sintamos cómodos, tranquilos y aislados de distracciones.

Tras varias respiraciones profundas que contribuirán a relajarnos y aumentar nuestra concentración, deberemos visualizar al animal, preferentemente en el hábitat desértico en el que suele vivir, y cargado con varios bultos, que representarán nuestros problemas y dificultades. Al comprobar que él puede soportar ese peso, conectaremos con su energía y nos convenceremos de que nosotros también podremos hacerlo cuando sea preciso, que podremos hacer frente a los miedos y las preocupaciones cuando se presenten, sin dejarnos abatir por la responsabilidad, demostrando la fuerza y perseverancia de este animal.

El camino inverso

Este camino de encuentro también puede producirse en sentido inverso, es decir, que no seamos nosotros quienes conectemos con el tótem, sino que sea él quien llegue hasta nosotros. Si es así, lo más probable es que nos traiga el anuncio de que se va a producir un cambio en nuestra vida, que puede ser tanto un desafío físico como emocional, o incluso un viaje interior, y que no necesariamente debe ser inminente. Ante esa perspectiva debemos esperar con las mejores cualidades del camello, confianza y paciencia, y cuando llegue, asumirlo con alegría y aprender de lo nuevo, con la plena seguridad de que el tótem camello nos brindará siempre su protección y nos dará seguridad para tomar todas las decisiones que sean precisas.

SIMBOLOGÍA

Las cualidades de resistencia y paciencia acompañan al camello en las culturas desérticas.

Edad Media: se le consideraba un símbolo de humildad, obediencia y sumisión.

Norte de África y Oriente Medio: el camello es venerado entre los pueblos nómadas que habitan las zonas desérticas, pues es el elemento clave para su supervivencia. Para ellos simboliza la resistencia y la generosidad, así como la riqueza y la abundancia, tanto material como espiritual.

Cultura budista: se considera un vehículo de los dioses, un recordatorio constante para mantenernos en el camino espiritual y el mejor aliado para lograr superar los desafíos y las tentaciones del mundo material.

ALCE
Energía en equilibrio

Simbología: perseverancia, sabiduría, fuerza, poder.

Signo del Zodíaco: Sagitario (22 noviembre – 21 diciembre)

Poderes: autoconfianza, amistad, sociabilidad.

Conocerse en profundidad

El alce como animal totémico nos enseña la importancia de mantener nuestra energía en equilibrio, de perseverar en la lucha, con decisión, seguridad y sabiduría, con el pleno convencimiento de que lograremos el triunfo al completar la tarea que hayamos emprendido. En definitiva, nos aporta autoestima y gran confianza en nosotros mismos, así como una fuerza interior y una energía adicionales que nos permitirán no darnos por vencidos demasiado pronto y perseguir lo que deseamos, protegiéndonos al mismo tiempo. Ayudará a que nos sintamos seguros de quiénes somos, orgullosos de nuestras capacidades y con la autoridad necesaria para tomar las decisiones que sean precisas, siempre manteniéndonos íntegros y fieles a nosotros mismos. Las personas que eligen al alce como animal totémico irradian orgullo, dinamismo y fuerza, además de positivismo.

La otra importante enseñanza que nos aporta está relacionada con nuestro entorno social, y nos habla de compañerismo, lealtad y solidaridad, de la atención que debemos prestar al grupo, del interés de atender a sus necesidades, ya que las aportaciones de la comunidad nos permitirá crecer emocional y espiritualmente de una forma armoniosa. El tótem alce logrará que atraigamos a nuevas amistades y, lo que es más importante, que las mantengamos en el tiempo. Será una aportación muy positiva desde el punto de vista social.

Cercanía del tótem alce

Ya hemos indicado que en algunas ocasiones es el propio animal totémico el que nos elige; en esos casos, se suele acercar a nosotros a través de los sueños y el mensaje que nos trae dependerá de la interacción que tengamos con él. Lo más habitual es que soñemos con un alce en un bosque y eso puede significar que esperamos la llegada de algún cambio beneficioso a nuestra vida y que sabremos asimilarlo con la sabiduría que la experiencia de ese animal nos transmitirá, él actuará como mediador de las energías. También puede ser un mensaje de autoafirmación, para que estemos seguros de la fuerza interior que poseemos y para que confiemos en nuestras capacidades, pero sin abusar de ellas, siempre con nobleza y sin caer en comportamientos agresivos o que puedan suponer un claro abuso.

Asimismo, se podrá entender como un mensaje positivo si el protagonista de nuestros sueños es una cría de alce, pues será señal de que vamos a experimentar un golpe de suerte, posiblemente relacionado con un viaje, aunque este puede que no sea físico, sino espiritual. Por el contrario, si en el sueño aparece algún alce herido o somos nosotros quienes le abatimos, el augurio será negativo y lo más probable es que estemos a punto de enfrentar una situación de conflicto que no podremos canalizar y se nos irá de las manos.

SIMBOLOGÍA

El alce simboliza casi siempre la fuerza, nobleza y sabiduría ancestral.

Pueblos anishinnabe de Norteamérica: uno de sus cinco tótems originales, erigido en forma de poste monumental tallado, representaba a un alce, que actuaba como espíritu protector.

Cultura vikinga: la figura del alce formaba parte del sistema alfabético vikingo, (véase arriba) integrado por veinticuatro runas, cada una de las cuales poseía un significado concreto y un poder mágico asociado. En el caso del alce, su poder era la defensa y la protección. En la actualidad, todavía se emplea como amuleto.

Suecia y Canadá: hoy en día, en ambos países el alce se ha convertido en un símbolo nacional.

ALBATROS
Buenos augurios

Simbología: independencia, mente clara.

Signo del Zodíaco: Libra (21 septiembre – 22 octubre).

Poderes: energía, tolerancia, amplitud de miras.

Un espíritu independiente

El albatros es un ave poderosa, capaz de elevarse a gran altura y recorrer largas distancias. Esa es una de las capacidades que nos transmite con su magia totémica: nos ayuda a contemplar todas las situaciones desde la dimensión adecuada, con una clara amplitud de miras, sin sentirnos atemorizados o mediatizados por nada, impulsándonos a decidir con plena libertad e independencia. Y es que para superar cualquier adversidad, hay pocas actitudes tan beneficiosas como la de contemplarlas desde otra magnitud, abarcando su verdadera dimensión y contexto. Eso nos ayudará a tomar decisiones más sabias.

Además, nos impulsa a perseguir nuestras metas con determinación y valentía y, al mismo tiempo, con pasión y perseverancia, aunque a veces los resultados no sean los esperados; en ese caso, no permite que caigamos en la decepción y nos anima a echar mano de nuestro coraje para continuar, aprendiendo y creciendo con los reveses, y con la seguridad de que acabaremos encontrando nuestro camino. Y es que su energía aumenta la confianza en nuestras propias habilidades e intuición y esas serán algunas de las claves de nuestro éxito. Pero ahí no se quedan los beneficios que nos puede aportar como guía espiritual, ya que también promueve la tolerancia y el sentido común, la solidaridad con nuestros semejantes y la fidelidad absoluta cuando se trata del terreno amoroso.

Las personas idealistas, con elevadas aspiraciones, y aquellas que persigan la realización de nuevos proyectos, de descubrir nuevos horizontes pueden resul-

Entre las gentes del mar, el albatros es símbolo de sabiduría, determinación e independencia, sobre todo cuando está en pleno vuelo.

Transporte hasta los dioses: los marineros creían que los pescadores que desaparecían en alta mar se convertían en albatros y, de ese modo, conseguían que su alma se elevase y llegase hasta los dioses.

Buenos augurios: otra de las creencias más extendidas era que la visión de un albatros era un presagio de buenas noticias y de buen tiempo.

Protección: el ave también estaba considerada como un espíritu protector para los marinos durante sus travesías, por lo que infringirle algún daño era castigado con peligrosos temporales.

tar muy beneficiadas adoptando al albatros como consejero en sus vidas. Es un tótem que nos enseña que la motivación, la confianza en uno mismo y la valentía nos ayudarán a llevar nuestra existencia con mayor sabiduría.

Conectar con la energía del albatros

Una de las fórmulas más eficaces para conectar con la energía del albatros y su poder inspirador para emprender cualquier cambio o proyecto en nuestras vidas, con determinación y valentía, es realizando algún ejercicio de visualización. Para ello, el primer paso es lograr un estado de concentración adecuado. Buscaremos un lugar tranquilo y alejado de las distracciones, y adoptaremos una postura que nos resulte cómoda, preferentemente sentados y con la espalda recta. Cerraremos los ojos y realizaremos varias inspiraciones y exhalaciones profundas, hasta que nos sintamos relajados.

Ese será el momento para visualizar al ave. Podemos hacerlo en la cima de un acantilado, justo antes de emprender el vuelo, o ya volando y deslizándose por el cielo con esa sensación de ingravidez y libertad que caracteriza su desplazamiento. Tendremos que verle recorriendo grandes distancias y sintiendo su energía. De ese modo, poco a poco, su determinación y perseverancia, su energía y su fuerza irán penetrando en nosotros. Al volver a la realidad, sentiremos que estamos preparados para luchar por lo que deseemos.

ANIMALES DE PODER

Nuestra conexión con los elementos y los seres naturales resulta especialmente intensa e íntima cuando se trata de los animales. Ellos nos pueden guiar y orientar a lo largo de nuestra vida, tal como enseñaban los antiguos chamanes. Sus cualidades de poder nos proporcionan fortaleza e inspiración, sobre todo cuando se trata de encontrar nuestro camino espiritual, de conectar con nuestro mundo interior, con ese yo superior que todos poseemos.

Para que esa interconexión sea posible y fructífera es necesario que mostremos un profundo respeto por todo lo que nos rodea, que no colaboremos ni toleremos acciones que pueden romper su equilibrio y su armonía, o lo que aún sería más grave, su destrucción.

En esa senda de establecimiento de un vínculo firme con los animales, en este capítulo os mostraremos algunos de los que ejercen una acción más enérgica y activa como guías de poder, entendiendo como tal, no la supremacía física, sino la que está más relacionada con nuestro universo espiritual y emocional. Embarquémonos en este viaje de descubrimiento.

Los animales de poder son fuerzas de la naturaleza que poseen ciertas cualidades y su carácter mágico permite que sean capaces de transmitir esos poderes a las personas con quienes logran establecer una conexión. En general, esos atributos que nos hacen llegar son de naturaleza espiritual, son fuerzas que podemos emplear para conseguir una mejor conexión con nuestro universo místico, para alcanzar una mayor elevación espiritual, para sanarnos en el plano emocional y psíquico, o para enfrentar los acontecimientos de nuestra vida diaria con mayor seguridad y eficacia.

La magia de la conexión

Lo primero que debemos saber sobre los animales de poder es que cada uno de ellos posee un simbolismo y unos poderes concretos, pero estos no son universales, es decir, no en todas las culturas y tradiciones se comprenden igual ni tienen el mismo significado. Por eso, es muy importante que lleguemos hasta ellos desde una introspección muy personal y subjetiva, examinando nuestra concepción de la espiritualidad e investigando desde las propias experiencias y creencias cuáles serán las conexiones que podremos realizar. Ese es el primer paso para llegar hasta su magia.

También debemos entender que todos los animales, sin excepción, son capaces de establecer conexiones espirituales con nosotros y convertirse en animales de poder. Sin duda, si pedimos a cualquiera que nos mencione el nombre de uno de estos animales nos respondería que la pantera, el león o el toro, y se sorprendería mucho cuando le indicásemos que incluso la errante y etérea golondrina es capaz de ofrecernos unos dones potentes y muy positivos. No hay que descartar las cualidades con las que nos puede obsequiar cualquiera de ellos.

Otro factor importante que tampoco debemos olvidar es que la elección del animal de poder no se realiza de manera aleatoria. Su cercanía y su apoyo nada tienen que ver con la casualidad. Son nuestros propios valores, nuestra personalidad y nuestros deseos y metas los aspectos claves que nos conducen a un animal o a otro.

Tipos de animales de poder

Un animal de poder puede acompañarnos, o no, a lo largo de toda nuestra vida, y sus poderes también pueden asumir diferentes niveles de manifestación. Los cuatro tipos principales de animales de poder son: *de vida*, *dorado*, *de transición* y *de sombra*.

De vida

Este tipo de animal de poder se encuentra vinculado con nuestra esencia más íntima, con nuestras cualidades y objetivos en la vida, por lo que su presencia y tutela serán constantes. Nos ayudará a lograr una interconexión equilibrada y armoniosa entre nuestras metas y el universo, sin que perdamos nunca nuestra propia esencia.

Dorado

En este caso no se trata de una ayuda enfocada a fortalecer nuestra esencia, sino ese don, importante y trascendental, que por diversas motivaciones o circunstancias permanece oculto o inexplorado y que precisa de un apoyo suplementario para manifestarse y así, que podamos sentir una completa conexión con nuestra identidad.

De transición

Este tipo de animal de poder no nos acompañará durante toda nuestra existencia, sino únicamente en algún momento o circunstancia muy concreta, cuando necesitemos de un refuerzo específico de nuestros propios dones para llevar a buen fin, y disfrutar, del proyecto que hayamos emprendido. Es una fuerza de la naturaleza espiritual que nos acompañará.

De sombra

Al igual que el anterior, este animal de poder solo estará en nuestra vida de manera circunstancial, únicamente mientras precisemos de su ayuda, apoyo y guía para superar una etapa difícil de la existencia, permitiendo que nuestra energía interior fluya con armonía y lleva la luz a esos rincones que temporalmente estén oscuros.

TORO
Fuerza y poder

Simbología: nobleza, potencia física y sexual.

Signo del Zodíaco: Tauro (20 abril – 20 mayo).

Poderes: fuerza muscular, resistencia, fertilidad.

La esencia del poder

Desde muy antiguo, el toro se ha considerado el animal de poder que mejor encarna los atributos de potencia y temperamento, de nobleza y atractivo físico. Este animal, fuertemente vinculado a la tierra, nos transmite su extraordinaria fortaleza física y su potencia muscular, pero sin asociar esas cualidades a la agresividad ni al ataque gratuito, pues se trata de un animal de temperamento pacífico, que no busca conflictos, y que solo nos empujará a emplear sus excepcionales facultades como sistema de defensa ante un ataque. Por eso nos ayuda a estar alerta contra los peligros exteriores. Hay otro aspecto que también aparece asociado con su poderío físico y que se traduce en una marcada energía sexual, en una pasión ardiente y una libido en consonancia con todo ello.

Pero en este animal no todo son atributos físicos, pues su magia también se manifiesta en otros planos de nuestra vida. Así, su poder nos enseña a mostrarnos alegres, a compartir con los demás y amar el mundo natural que nos rodea. Sin olvidar que también fortalece nuestro espíritu, acrecentando la habilidad para resistir las dificultades. Precisamente, esa expresión tan popular de «agarrar al toro por los cuernos» hace referencia a esa capacidad que nos transmite para afrontar las situaciones complicadas sin huir de ellas, con confianza.

En definitiva, un conjunto de cualidades físicas, sentimentales y espirituales que nos harán sentirnos plenos y satisfechos con la vida.

Adoptar este animal de poder

Si tenemos un toro como animal de poder, lo más habitual es que seamos personas trabajadoras; también muy decididas, pero bastante testarudas. Nos gustará competir y rivalizar con los demás, pero en ese empeño pueden surgir enfrentamientos debido a nuestro fuerte temperamento. En general, seremos realistas e independientes, aunque disfrutaremos con la compañía, y en el terreno familiar nos dominará nuestro afán de protección y un carácter posesivo.

Un toro en nuestros sueños

Verle aparecer en nuestros sueños nos animará a poner en marcha nuestra faceta más competitiva y a enfrentarnos a los nuevos retos con confianza, sin dejarnos dominar por la ansiedad, los miedos o la indecisión. En ocasiones, su aparición en un sueño tiene más el valor de un aviso. Por ejemplo, si se muestra pastando pacíficamente, será una señal de prosperidad y tranquilidad. Por el contrario, si lo hace embistiendo es una señal de que los sentimientos negativos, de rabia o estrés nos paralizan. Si el toro nos persigue es un aviso de una mala época laboral o financiera y si su actitud es marcadamente agresiva, es señal de que tenemos las emociones fuera de control.

Presente sobre todo en las culturas mediterráneas, el toro aparece casi siempre asociado con un simbolismo de los ritos y sacrificios a determinadas divinidades, así como al mundo de los muertos en general.

Creta y Micenas: era símbolo de fecundidad, energía prolífica, así como un guardián del inframundo.

Antiguo Egipto: era considerado un animal sagrado, que simbolizaba la muerte, la resurrección y la fecundidad.

Mundo celta: se asociaba a la potencia, la fuerza y la salud; el símbolo de los guerreros.

Culturas persa, hindú y romana: el toro se asociaba con las ceremonias en honor de Mitra, el dios del Sol. Para honrarle, se exigía el sacrificio de un toro con un puñal y se ungía a los fieles con la sangre del animal. Solo los hombres podían acudir a ese ritual.

COYOTE
El espíritu de la vida

Simbología: revitalización, alegría, honestidad.

Signo del Zodíaco: Capricornio (22 diciembre – 19 enero).

Poderes: tenacidad, viveza, inteligencia.

Alegría y juventud

La positividad y la alegría de vivir son dos de las principales cualidades que nos transmite el coyote como animal de poder. Su espíritu jovial nos revitaliza tanto el cuerpo como la mente y actúa como un potente antidepresivo. Nos ayuda a enfrentar la vida con sentido del humor, pero también con sabiduría, inteligencia y astucia, de modo que logremos el equilibrio entre la excesiva trascendencia y la diversión desbordada. No es malo reírnos de nuestros errores, siempre que también aprendamos de ellos. Asimismo, esa búsqueda de equilibrio la extiende a la seguridad y el riesgo, no eludiendo ninguno de ellos, pero ayudándonos a encontrar un punto medio entre ambos. El respeto, la libertad y la tenacidad son otras de sus grandes lecciones. Debemos apreciar todas las cosas, pero hallando su verdad profunda, y no convirtiéndonos en sus esclavos y aferrándonos excesivamente a ellas.

Solicitar su ayuda

Cuando se acerca hasta nosotros este animal de poder suele ser debido a que estamos pasando por una etapa con demasiado estrés y preocupaciones. Una perfecta conexión con él nos ayudará a alejarnos de esa senda de inquietud y desasosiego en la que estamos inmersos, a buscar un nuevo enfoque, más positivo, de la situación. Y si no logramos ese camino de adaptación que nos lleve a mirar el problema desde una perspectiva más beneficiosa para nuestro espíritu, el coyote nos ani-

mará a cambiar, a alejarnos de la ruta que manteníamos y a emprender un nuevo sendero.

Y este mismo mensaje también es válido cuando se trata de la lealtad a ciertas personas que, por diversos motivos, ya no nos resultan tan próximas; es el momento de alejarse de ellas para poder seguir avanzando. En definitiva, el espíritu del coyote nos enseña a ser más adaptables, a vivir el presente de tal forma que nos hallemos en continuo crecimiento, y si para ello es necesario hacer un cambio, a alejar el miedo que pueden provocar las transformaciones.

Sueños con el coyote

En la mayoría de las ocasiones, cuando este animal de poder aparece en nuestros sueños es porque hay algún aspecto de nuestra vida que no está funcionando como debería, aunque la parte consciente de nuestra mente no pueda reconocerlo. La presencia del coyote nos ayuda a alejarnos del propio autoengaño, a enfrentar positivamente un cambio de actitud, ya sea espiritual o en nuestros sentimientos. A veces, el cambio que nos anuncia el coyote que debemos enfrentar es más grave y dramático, como una enfermedad o incluso la muerte de alguien que apreciamos, pero hasta en esos casos, él nos alentará y dará las fuerzas que precisamos para superar la prueba con éxito.

SIMBOLOGÍA

El simbolismo del coyote incluye sentimientos como la alegría de vivir, el rejuvenecimiento y la sabiduría por estar cerca de los dioses.

Indios navajos de Norteamérica: el coyote es un portador de vida y un símbolo del nacimiento. Lleva la lluvia y la fertilidad a los campos, y se le debe respetar pues, tal como cuenta una leyenda, fue de los primeros animales que acompañaron a los seres humanos en los albores de la humanidad.

Indios Pueblo: el coyote ayudó al dios Creador a formar a todos los primeros hombres y mujeres.

Civilización azteca: este animal representaba a Huehuecóyotl, que era el dios de la danza y la música ceremonial y servía de guía hacia el mundo adulto; también expresaba placer y lujuria.

PANTERA NEGRA
Poderosa energía

Simbología: coraje, valor, energía de la noche.

Signo del Zodíaco: Sagitario (22 noviembre – 21 diciembre).

Poderes: limpieza y neutralización de malas energías.

Guía para valientes

A pesar de su fiero aspecto, la pantera negra no actúa como un animal de poder agresivo y amenazante, sino muy al contrario. Es cierto que nos transmite valor, fortaleza y energía para enfrentarnos a las vicisitudes de la vida diaria, a los conflictos y los problemas, pero también nos proporciona una capacidad profunda de comprensión espiritual que eleva nuestro desarrollo interior. De este modo, aunando valentía y espiritualidad, nos hace confiar en nuestro propio poder, nos obliga a estar vigilantes, pero nos aporta calma; permite que liberemos nuestras pasiones, descubramos nuestros sueños y alcancemos las metas que nos hayamos propuesto, incluso si eso nos lleva a abandonar el camino que teníamos trazado y emprender uno nuevo. Su magia nos recuerda que es a partir de la confianza y el respeto hacia nosotros mismos donde debemos empezar siempre a trabajar nuestros talentos y habilidades para lograr finalmente el éxito.

Al mismo tiempo, mejora nuestra capacidad de concentración y nos empuja a extender y dominar nuestro conocimiento psíquico para que podamos detectar y neutralizar las fuerzas negativas que nos rodean. Esa es una premisa indispensable para «navegar» con calma, valor y confianza a través de los problemas o de las situaciones que no podemos controlar. Y como la pantera negra es símbolo de la luna y de la energía de la noche, otra de las capacidades mágicas que nos proporciona es la de acceder sin miedo a los poderes oscuros, y dominar los secretos de los viajes astrales.

La pantera negra suele convertirse en el animal de poder de las personas intuitivas y con un psicuismo o una espiritualidad muy desarrolladas. También de quienes se sientes atraídos por cualquiera de las manifestaciones del mundo del arte. Suelen ser cual dades innatas en esas personas y será la magia de la pantera la que hará que tomen conciencia de lo que ya poseen.

Conectar con la pantera

Un animal tan poderoso y protector, con tanta fuerza física, espiritual y energética, supone todo un reto como guía de nuestras vidas. Cuando viene hasta nosotros, generalmente es porque nos encontramos en una etapa de crisis; ella aporta la luz que neces tamos para mirar hacia nuestro interior y preguntarnos si hemos perdido nuestro camino espiritual, si nuestras pasiones suponen un obstáculo, si estamos a la defensiva o hay algo que nos asusta y paraliza. Identificar los obstáculos nos ayudará a superarlos.

Ese también es el momento de ana izar nuestro lado más oscuro y poner en acción nuestra fortaleza interior, dejándonos conducir por ella. Si contamos con la capacidad de tener sueños lúcidos o realizar viajes astrales, conviene solicitar su ayuda para que nos guíe y nos proteja durante esas experiencias.

SIMBOLOGÍA

La energía poderosa, valentía y fortaleza que transmite la pantera negra está presente en muchas culturas antiguas.

Antiguo Egipto: la pantera se asociaba con la diosa Bastet, que representaba la protección, el amor y la armonía.

Cultura celta: se considera un animal mágico, que simbolizaba la muerte y la renovación.

Europa medieval: encarnaba todo lo negativo: el mal, la oscuridad, lo demoníaco; también era símbolo de lujuria y erotismo femenino.

Aztecas: solo una estirpe de guerreros de noble cuna estaba autorizada a cubrirse con una piel de este animal, como distinción, durante la batalla.

Mayas: relacionaban a este animal con la noche, con la entrada al inframundo.

ELEFANTE
Fortaleza y determinación

Simbología: fuerza, estabilidad, paciencia.

Signo del Zodíaco: Cáncer (21 junio – 22 julio).

Poderes: suerte, cambios positivos, vida social.

Un amuleto poderoso

La magia del elefante como animal de poder alcanza a numerosos aspectos de nuestra vida diaria. Empezaremos por los que resultan más evidentes, como son su gran fortaleza, vigor y energía, unas cualidades que unidas a su estabilidad, dignidad y paciencia, conforman un conjunto sobresaliente que nos proporciona enormes beneficios para enfrentar con éxito las vicisitudes de nuestro devenir. Por esto, el elefante suele acompañar a las personas que ostentan una personalidad fuerte, muy marcada, que abordan las cosas con espíritu valiente y voluntad resolutiva. Pero como en muchas ocasiones, este atributo positivo lleva también implícita su parte negativa, y es que, en general, esa fortaleza y determinación suelen ir acompañadas de cierta terquedad, de una resistencia natural a cambiar de parecer y considerar las cosas desde otro punto de vista.

Siguiendo con las cualidades que otorga, otras a destacar son su inteligencia y su extraordinaria memoria, que acompañan a sus protegidos, así como los sentimientos de orgullo y pertenencia a un grupo social y, por supuesto, a la familia. Los poderes del elefante despiertan nuestra sensibilidad y nos ayudan a fomentar las relaciones sociales, a las que nos animan a entregarnos con lealtad, confianza y responsabilidad. Todas esas aptitudes se acrecientan cuando se trata de la familia o las amistades más cercanas. Es en ese entorno donde vuelca todo su amor, su fidelidad y sus cuidados, especialmente desde los mayores del grupo a los más pequeños o vulnerables, a quienes protege con valentía y decisión ante cualquier peligro o amenaza, ya sea física o emocional.

Símbolo de suerte y salud

Aunque todo lo mencionado resulta muy interesante, no conviene olvidar otros dos aspectos que el elefante, como animal mágico, atrae y favorece; son la buena suerte y la salud. Si estamos necesitados de un toque especial de la fortuna para que florezcan y prosperen nuestros negocios o vamos a emprender uno nuevo, si precisamos atraer la abundancia y la riqueza o, incluso, mejorar nuestro destino en los juegos de azar, deberemos llevar con nosotros algún amuleto que represente la figura del elefante, siempre con la trompa dirigida hacia arriba; ese es un dato importante. En lo que se refiere a la salud, también cuenta con poderes protectores, que fomentan una vida más larga y saludable.

Según el Feng Shui, para que un elefante nos traspase la suerte y la salud, debe situarse una figura que le represente en determinados lugares de la casa, como junto a la puerta principal, donde, además, nos brindará protección. Colocado en el dormitorio, traerá el amor y la fidelidad, y en el espacio de trabajo mejorará la productividad. Si lo que deseamos es fortalecer el vínculo entre padres e hijos, habrá que utilizar la figura de una elefanta con sus crías.

SIMBOLOGÍA

En casi todas las culturas y especialmente en las orientales, el elefante ha sido representado casi siempre con un simbolismo de sabiduría, paciencia y fortaleza.

Tradición hinduista: se trata de un animal celestial, unido estrechamente a la figura del dios Ganesha, que simboliza la suerte, la fortuna, la salud y las bendiciones para los nuevos proyectos.

Tradición budista: es un animal cósmico que lleva el peso del mundo sobre su lomo. Trae la sabiduría y aleja las envidias. Nos hace resistentes ante la adversidad.

China: está considerado un amuleto de buena suerte, de felicidad, longevidad.

Tradición cristiana: simboliza la templanza, la paciencia y la castidad.

GOLONDRINA
Clave del éxito

Simbología: éxito, valentía, fidelidad.

Signo del Zodíaco: Géminis (21 mayo – 20 junio).

Poderes: fin de las dificultades, lealtad y amor familiar.

Elevarse sobre las dificultades

Tener una golondrina como animal de poder es uno de los mejores premios que nos puede tocar, ya que es un símbolo de buena suerte, alegría, ilusión y optimismo. Ella colaborará para que terminen nuestras dificultades y alcancemos el éxito. Pero debemos mantener un espíritu valiente para poder sobrevolar sobre nuestra vida con gracia y agilidad. De ese modo, vislumbraremos todo desde una perspectiva diferente y podremos adoptar decisiones más completas y acertadas, más fundadas y objetivas. Y esa objetividad que alcanzamos con la altura también nos permitirá proteger nuestra casa y a quienes amamos, pues podremos ser más concientes de las intenciones de las personas que nos rodean, de sus propósitos no expresados directamente. Nos permitirá alejarnos de quienes irradian una energía negativa y también de ciertos conflictos en los que no tenemos nada que aportar y donde nuestra presencia u opinión pueden crear discusiones innecesarias.

La golondrina también nos enseña que la única forma de lograr nuestros propósitos es desde la libertad, confiando en nosotros mismos y en nuestros valores, sin miedo a realizar todas las transformaciones y los cambios que sean necesarios. Ella, como animal de poder, ayuda a que reflejemos hacia el exterior toda nuestra energía y fuerza interior, siempre desde la positividad.

En el ámbito de las relaciones personales, familiares y amorosas, el poder de la golondrina nos traerá lealtad y fidelidad, unas cualidades que nos acompañarán durante toda nuestra vida.

Los mensajes de la golondrina

Cuando se acerca a nosotros una golondrina, tenemos que mantener nuestro espíritu abierto para recibir los mensajes que nos trae.

- Estar alerta, vigilante y concentrado para no perder el enfoque en las situaciones difíciles y valorar si las personas que te rodean merecen tu confianza.

- Adaptación al cambio, tanto a nivel espiritual como físico, mental, laboral o de ambiente. En general, las novedades y las ideas inesperadas nos provocan inquietud y miedo, falta de seguridad; pero la golondrina nos enseña que no se deben temer estos desafíos, sino afrontarlos con valentía y amplitud de miras.

- La llegada de resultados positivos después de un largo periodo de trabajo, esfuerzo y dedicación.

- El amor y la amistad vienen a alegrar tu vida. Este mensaje puede tener varias interpretaciones, desde encontrar a esa persona con la que nos sintamos conectados a través del amor o el cariño fraternal, como, si ya está esa persona en nuestra vida, afianzar la relación con ella.

- Alcanzar la paz mental y la estabilidad emocional tras una temporada llena de turbulencias.

- Confianza en la propia intuición, sin dudar de la voz interior para la toma de cualquier tipo de decisión.

- Autodescubrimiento de quiénes somos y qué deseamos, con total aceptación de nuestro yo, respetando a los demás y a nosotros mismos.

SIMBOLOGÍA

Las gentes del mar siempre han visto en la golondrina un simbolismo de libertad y buena suerte, así como un elemento viajero protector.

Ver una golondrina mientras se navega: es un buen augurio, ya que nos trae el mensaje de que estamos cerca de casa, el viaje se ha terminado y hemos llegado sanos.

Símbolo de triunfo sobre las dificultades: los marineros, tras superar alguna tempestad o un accidente, se tatuaban una golondrina para recordar que habían sobrevivido al peligro.

Viajera incansable: la golondrina también era el símbolo de aquellos marineros que habían navegado por todos los mares del mundo.

En primavera: ver la primera golondrina de esa estación es símbolo de buena suerte y un augurio de riquezas y abundancia.

CANGURO
Un poder protector

Simbología: protección, ímpetu, instinto.

Signo del Zodíaco: Acuario (20 enero – 18 febrero).

Poderes: determinación, vigor, potencia sexual.

Avanzar sin mirar atrás

Desde tiempos ancestrales, entre los aborígenes australianos el canguro siempre se ha considerado un animal con poderes sobrenaturales, muy ligado a la tierra y a su entorno. Para nosotros representa una guía firme y poderosa, que nos impulsa a avanzar hacia delante, con decisión y constancia, sin mirar nunca hacia lo que dejamos atrás, pues si hemos tomado una decisión, nos animará a seguirla, sin titubeos, comprometidos con nuestros objetivos y guiándonos sobre todo por la intuición, aunque a veces no tengamos suficientemente clara la ruta trazada. Esta firmeza que nos transmite puede ayudarnos a escapar de situaciones comprometidas o de personas dañinas, a la vez que nos hace sentir protegidos en todos los planos. En este sentido, también nos anima a buscar el apoyo del entorno familiar, que nos hará sentir más fuertes.

El poder mágico del canguro nos anima a estar enfocados en nuestras metas y sueños, y equilibra nuestra energía interior para que lo logremos, aislándonos de cualquier distracción o manipulación externa. Además, logra que enfrentemos nuestra tarea con vigor y espíritu alegre, con honestidad y una buena predisposición para adaptarnos a los cambios si estos se hacen necesarios.

Si hubiese que resumir en unas pocas palabras las cualidades que nos transmite el canguro como animal de poder, podrían ser las siguientes: gran fuerza y resistencia, protección, adaptabilidad, generosidad y alegría.

La visión de este animal de poder

La visión de un canguro, ya sea en un sueño o en una visualización mientras estamos meditando, suele simbolizar que somos protectores con aquellas personas a quienes amamos y que deseamos resguardarlas de cualquier peligro. Si lo observamos saltando una y otra vez puede ser un aviso de que necesitamos centrarnos y enfocarnos en un objetivo, en lugar de ir cambiando continuamente, pues así nuestro esfuerzo no resultará efectivo. La señal será mucho más seria si visualizamos al canguro en posición de ataque, pues eso nos sugiere ser cautelosos ante la hostilidad de alguien cercano.

Estos mensajes pueden variar dependiendo del color del animal que haya tomado forma en nuestra mente. Si es rojo, nos indica que debemos ser más responsables de nuestros actos y asumir sus consecuencias con madurez; también nos avisa de la conveniencia de prestar más atención a las relaciones familiares en ese momento concreto. En caso de que el canguro muestre un pelaje de color gris, su revelación será muy positiva, pues nos anunciará prosperidad y abundancia, además de una situación especialmente favorable en lo que se refiere a los afectos y la opinión que los otros tienen de nosotros. Por último, si se trata de un walabi, que es un canguro de pequeño tamaño, nos indicará que debemos ser persistentes en el camino o el proyecto que hayamos emprendido, aunque nos surjan dudas e inseguridades.

SIMBOLOGÍA

El canguro ha estado presente especialmente entre los aborígenes australianos, ya que es autóctono de Australia.

Cultura indígena australiana: el canguro tiene un simbolismo de potencia, vigor y protección, de agilidad, adaptabilidad e independencia.

Su creación en la historia aborigen: el canguro fue creado por el Gran Espíritu durante el Tiempo del Sueño, a partir del polvo de la tierra. Después se le encomendó la tarea de ir saltando por el continente para modelar su forma.

Medicina aborigen: durante siglos, su carne se empleó para curar gripes e infecciones, la grasa para afecciones de la piel y los huesos para masajes de relajación muscular.

Chamanismo: el canguro representa los lazos familiares como base para el desarrollo y el crecimiento personal.

ESCORPIÓN

El poder de la pasión

Simbología: pasión, protección física, mental y espiritual.

Signo del Zodíaco: Acuario (20 enero – 18 febrero).

Poderes: aleja las energías negativas y maléficas.

Protector de todos los males

Hay dos cualidades que sobresalen especialmente cuando se trata de la magia del escorpión como animal de poder. La primera de ellas es, sin duda, su carácter protector, que se extiende a todos los planos de nuestra vida, desde el físico, preservando el cuerpo de las enfermedades, hasta el emocional y el espiritual, sirviendo de barrera contra los conjuros, el mal de ojo o cualquier tipo de energía negativa que nos rodee. Si el escorpión es nuestra guía, podremos resguardarnos de todo lo maligno y perjudicial. También favorece el despertar de ese sentido de la protección con relación a los hijos y en este punto hay que tener cuidado, ya que un exceso de amparo les puede impedir el aprendizaje a través de las dificultades.

La otra cualidad de este animal mágico es su intenso poder para atraer hacia nosotros la pasión más arrebatada. Su energía en este aspecto resulta tan potente que debemos estar bien preparados antes de invocarla, pues corremos el riesgo de que nuestros sentimientos se descontrolen y acaben superándonos, llevando a que tomemos decisiones extremas, equivocadas e, incluso, perjudiciales para nosotros mismos. Esa pasión también tiene su reflejo en las relaciones amorosas, que suelen ser muy intensas, frecuentes y satisfactorias.

Dejando a un lado ese posible impacto desestabilizador de la pasión, que solo se produce en momentos personales de desequilibrio emocional, la ardorosa fiereza del escorpión también nos puede resultar muy ventajosa, pues nos aporta la fuerza interior que necesitamos para superar los obstáculos y enfrentarnos con valor a las situaciones difíciles de la vida, ayudándonos a tomar decisiones, si eso es lo que se precisa, o a alejar todo aquello que nos está perjudicando, si ese fuera el caso. Debemos canalizar positivamente nuestras pasiones y nuestra energía interior para que nuestra vida siga el rumbo más apropiado.

Conectar con la energía del escorpión

Tradicionalmente, al escorpión se e ha considerado un mensajero de la muerte o del peligro, por lo que si visualizamos uno de estos animales debemos tomar precauciones: su presencia es una clara advertencia de que algo amenazante se acerca inexorablemente hasta nosotros. Pero eso no debe asustarnos, sino hacernos reaccionar para protegernos con astucia y sabiduría. Y también debemos tener en cuenta que puede tratarse de una advertencia de muerte, pero no necesariamente de un fallecimiento real, sino de una transformación, de un resurgir renovado tras pasar por una serie de cambios vitales.

Su poder nos anima a renovarnos, a desprendernos de las personas, los pensamientos o los objetos que impidan o dificulten nuestro avance, que entorpezcan el crecimiento espiritual. También hace que preservemos nuestro propio espacio, esos momentos de soledad que resultan imprescindibles para la reflexión.

El escorpión tiene un especial significado en cuanto a símbolo de protección y apasionamiento.

Mesopotamia: la diosa Tiamat creó a los hombres escorpión para que luchasen contra otras deidades. Estos guerreros también protegían la entrada del inframundo y advertían del peligro a los viajeros.

Egipto: el escorpión aportaba protección y alejaba el mal. La diosa Selket-escorpión era benéfica, protegía a los bondadosos de la picadura de animales venenosos y la favorecía para los malvados.

Mitología grecorromana: Zeus dio el nombre de Escorpión a un grupo de estrellas que más tarde representarían un signo del Zodíaco.

África: es un animal benéfico que simboliza la curación.

TIBURÓN
Intrepidez y confianza

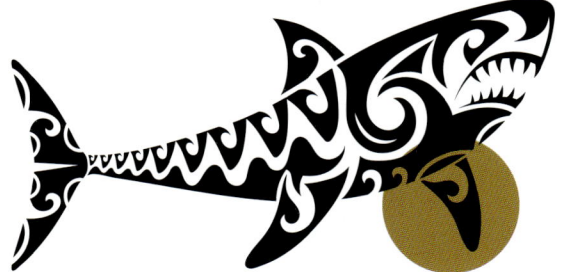

Simbología: valor, osadía, seguridad

Signo del Zodíaco: Piscis (19 febrero – 20 marzo).

Poderes: salud, vigor físico, protección.

Crear oportunidades

El tiburón es un animal de poder que transmite mensajes de intrepidez, valentía y confianza, que nos enseña a no dejar pasar las oportunidades que se nos presenten en nuestra vida y si no aparecen, nos empuja para que nos movamos y las creemos nosotros mismos. Esperar sin actuar nunca es una opción. Él es un experto en la supervivencia y nos alecciona para que nos hagamos con el control de cualquier situación y la moldeemos para que nos resulte favorable, pero sin ejercer una manipulación negativa que perjudique a los demás. En ese sentido, el de la supervivencia, también nos anima a que aprovechemos incluso nuestras propias debilidades, pues bien canalizadas pueden convertirse en fortalezas que nos impulsen a superar situaciones complicadas, problemas o amenazas. De todo esto se deduce que las personas que tienen al tiburón como animal de poder suelen ser ser muy activas, viven su existencia con intensidad, son productivas, amigas de los cambios y la reno-vación, muy emprendedoras, y viajeras y aventureras.

Otros dos atributos que potencia la magia del tibu-rón son la sensorialidad y la salud. Dado que se trata de un animal con habilidades sensoriales muy refinadas, su poder nos ayuda a que noso-tros también las desarrollemos; por eso resulta una influencia muy positiva para todas aquellas personas que se dediquen a profesiones donde los sentidos cobren gran importancia, como es el caso de los enólogos o los perfumistas. Por lo que se refiere a la salud, el ascendente má-gico del tiburón contribuye a mejorar nuestra condición física, nos llena de vigor y aumenta

El tiburón
es el símbolo
de la audacia,
determinación
y protección
de este animal
en su estado
natural.

Cultura celta:
simbolizaba la transición
y el reconocimiento
de la muerte como
parte del ciclo de la vida.

Islas Fiji: se considera
la representación del dios
Dakuwaqa y no es un animal;
cuando los pescadores salen
al mar, vierten en el agua
una bebida típica local como
ofrenda a la deidad. También
se cree que el tiburón se
aparece a los altos jefes
de una zona de las islas
cuando deben anunciarles
noticias trascendentes.

Práctica del surf: los
aficionados a este deporte
le atribuyen un poder
protector y suelen usar
amuletos con su figura para
evitar los ataques de peces
peligrosos.

nuestras defensas, acelera los procesos de curación y,
en definitiva, propicia una vida más larga y de calidad.

Cualidades y sueños

Como ya hemos visto, algunos de los principales atributos del tiburón como animal de poder son el instinto, la
perspicacia, el movimiento dinámico, la innovación... y a
esos, deberíamos añadir la curiosidad, la eficacia y la
energía desbordante. Pero hay otro aspecto importante
en el que la influencia del tiburón nos puede ayudar mucho y es en ahuyentar y eliminar todo lo negativo que se
nos acerque, ya sean personas, eventos o energías dis-
cordantes. La confianza que nos proporciona hace que
actuemos con decisión en esos casos.

La aparición de este animal en alguna visión mística nos
trae importantes mensajes que debemos considerar.
Por ejemplo, si vemos o soñamos que uno de estos peces da interminables vueltas a nuestro alrededor es una
señal de que estamos frente a alguna importante oportunidad y la estamos dejando pasar; nos aconseja que
pasemos a la acción. Pero si son varios tiburones los que
giran a nuestro alrededor, el mensaje es muy diferente,
pues en este caso se trata de que nos sentimos ahoga-
dos por nuestras emociones; su consejo es que debemos dejarlas fluir antes de que sea tarde.

GUEPARDO
Vitalidad luchadora

Simbología: vitalidad, espíritu de lucha.

Signo del Zodíaco: Aries (21 marzo – 19 abril).

Poderes: energía, velocidad, éxito.

Un espíritu independiente

La capacidad de liderazgo, la valentía, la vitalidad y la independencia en cualquier ámbito son algunas de las principales cualidades que el guepardo nos otorga como animal de poder. Nos ayuda a tomar decisiones rápidas y a tener iniciativa, tanto para aprovechar las oportunidades como para alejarnos de los peligros, todo ello sin perder el control de la situación y siempre sin olvidar que esas acciones también deben ir unidas a la capacidad de superación y al esfuerzo para finalmente alcanzar el éxito. Su magia nos indica que debemos utilizar la inteligencia y la capacidad de mejorar para enfrentarnos a todas las situaciones de la vida, a emplear en ellas la energía y el tiempo precisos, sin malgastar fuerzas inútilmente, a planificar nuestras acciones y enfocarlas a un objetivo concreto, pero manteniendo una cierta flexibilidad para poder modificar el rumbo si es preciso, y a sacar un aprendizaje positivo incluso de los fracasos. En este proceso, el enfoque, la autoestima y la confianza en las capacidades propias son aptitudes imprescindibles.

Otra de sus grandes aportaciones como animal de poder es que aumenta nuestra capacidad de empatía, enseñándonos cómo debemos enfrentarnos a la pena y el dolor ajenos para proporcionar un consuelo más eficaz.

También conviene señalar que el guepardo, por lo general, no suele acompañar a las personas muy sociables, sino preferentemente a quienes aman la soledad, no favoreciendo que

establezcan vínculos con facilidad, ya que es muy selectivo y precisa tener una confianza plena en aquellos en quienes deposite su amor o su amistad.

La visión del guepardo

Es posible que durante la meditación o en nuestros sueños visualicemos la imagen de un guerpardo. Debemos estar atentos en esos casos, ya que este animal de poder siempre nos traerá un mensaje que conviene tener en cuenta. Si lo visualizamos cazando, lo más probable es que nos avise de que algo falta en nuestra vida o de que por una u otra razón hemos perdido el propósito o el enfoque que nos guiaba; convendrá que reconsideremos la dirección que llevamos y volvamos a tomar el rumbo que nos habíamos fijado inicialmente. En caso de que la visión nos muestre al felino persiguiéndonos, hay dos posibles interpretaciones. Lo más probable es que nos indique que debemos «ponernos en movimiento», es decir, que nos conviene buscar nuestros objetivos de manera más activa. Pero también existe la posibilidad de que su mensaje apunte a que el movimiento no va a conseguir alejarnos de nuestros problemas y que tendremos que enfrentarnos a ellos desde la situación o el momento vital en que nos encontremos.

SIMBOLOGÍA

El guepardo es la esencia de la iniciativa, la velocidad y la determinación desde tiempos muy remotos y en civilizaciones de todo el mundo.

Antiguo Egipto: se le consideraba el protector de la familia del faraón. Simbolizaba el poder y la victoria, tanto en las batallas como en la vida.

Grecia antigua: representaba la fuerza y la valentía y era el acompañante de Artemisa, la diosa de la caza.

Cultura hindú: protegía a las personas de los espíritus malignos y les ayudaba a escapar de situaciones peligrosas. En algunas zonas de la India se le consideraba un animal sagrado.

Pueblos africanos: el simbolismo del guepardo se centra en el valor y la fuerza y también se le atribuyen propiedades curativas.

ANIMALES Y MAGIA

Debido a su origen misterioso, los poderes mágicos de los animales han sido interpretados en algunas ocasiones como fenómenos extraños y paranormales emparentados, incluso, con la brujería y las prácticas maléficas. En este capítulo nos ocuparemos de aquellas especies que desde la Antigüedad hasta nuestros días han ido arrastrando una mala fama injustificada o una superstición, en ciertos casos debido a su color, como ocurre con el gato negro, en otros por sus hábitos de vida nocturnos, como sucede con el búho, y en algunos más por la propia apariencia desagradable del animal, como se produce con el murciélago o la araña.

Hay que desterrar esos falsos mitos y entender que estos animales «malvados» no son tal. Ellos, como todos los seres vivos que nos rodean, poseen una serie de características energéticas que nos transmiten cuando se convierten en nuestros guías de vida, pero somos nosotros mismos quienes debemos aprender a usar esos valiosos regalos que nos otorgan y obtener de ellos toda la fuerza y la protección que seamos capaces de extraer, todo lo positivo que encierra su energía primordial.

¿Por qué una mariposa monarca nos parece hermosa y una polilla o mariposa nocturna nos produce rechazo? ¿Por qué un gato gris, blanco o pardo nos resulta encantador y uno negro nos espanta? La respuesta es bastante simple: porque todo lo que asociamos con actividades nocturnas o con la negrura de la noche nos parece misterioso, enigmático y peligroso, nos inquieta y nos causa miedo. Esta reacción es una herencia que nos llega desde la más remota antigüedad, cuando nuestros antepasados, para romper las tinieblas y la oscuridad que se extendían al ocultarse el sol, solo contaban con el resplandor de las llamas de una fogata o el débil fulgor que proporcionaban las velas o las lámparas de aceite. Todos esos temores ancestrales han forjado una mala reputación para ciertos animales que, aún en la actualidad, les continúa marcando. Aquí veremos cómo se generó su leyenda y en las siguientes páginas desvelaremos que sus poderes mágicos son tan buenos o tan malos, eso depende de nosotros, como los del resto de los animales.

Vivir en la oscuridad

Si hay un animal que se ha ganado por derecho el dudoso título de «rey de las tinieblas» es, sin duda, el murciélago. Vivir en la oscuridad de las cuevas, colgado bocabajo del techo y envuelto en unas extrañas alas de piel, no de plumas, con garras que le permiten sujetarse a las rocas, y poseer una

fisonomía que puede recordar a la de una rata o un ratón, no ayuda a que nos resulte un animal agradable. Por eso, en torno a él se crearon numerosas leyendas, todas negativas, que le convertían en un mensajero de la muerte y le asociaban con la magia negra. Pero nada más alejado de la realidad, ya que el murciélago, como veremos más adelante, nos proporciona una valiosa ayuda para crecer espiritualmente.

Otros animales «malditos» por desarrollar su actividad durante las horas nocturnas son el búho, la lechuza y, en general, todas las aves rapaces nocturnas, como el cárabo o el autillo. En la antigua Roma se creía que escuchar el ulular de alguna de estas aves era un mal augurio, pues aseguraban que era el sonido que se oyó antes de la muerte de Julio César y del emperador Augusto. Tal era la profundidad de esas creencias, que no era raro ver a alguna de estas aves muerta y clavada en la puerta de las casas romanas para ahuyentar el mal. Y su leyenda negra no mejoró con el paso de los años, ya que en la Edad Media se aseguraba que las brujas se transformaban en estos animales para poder volar de noche.

Es una lástima que no se dieran cuenta de la sabiduría y la clarividencia que estas aves rapaces pueden traer a nuestras vidas.

Otro caso que ya hemos apuntado es el de la mariposa nocturna. Mientras que todas las especies de mariposas diurnas nos traen un mensaje de alegría y esperanza ante cualquier cambio que se produzca en nuestro interior, en el estilo de vida o entre el círculo de personas que nos rodea, a las especies nocturnas se les ha asignado un mensaje menos positivo: se dice que inspiran pensamientos oscuros y anuncian malas noticias e, incluso, que susurran en el oído de las brujas los nombres de los próximos difuntos. Como en los casos anteriores, todo es producto del miedo que nos causa la noche y que nos hace temer a los animales que habitan en ella, pero su poder no es intrínsecamente dañino, solo depende del uso que nosotros hagamos de él.

Vestir de negro

En la cultura occidental, el color negro se identifica con la muerte, el luto y la tristeza, con la oscuridad y la noche, con lo desconocido y el peligro. Por eso, los animales que lucen un manto de ese color, ya sea de pelos o plumas, suelen asociarse con poderes negativos y dañinos, aunque la realidad sea muy distinta, como ya veremos en las siguientes páginas. En este aspecto, el animal más estigmatizado

a lo largo de los siglos ha sido el gato negro. Su mala fama se acrecentó durante la Edad Media, pues se consideraba que era la encarnación misma del diablo y el principal aliado de las brujas, que incluso podían renacer transformadas en este animal. La persecución alcanzó cotas insospechadas, llegando a enviar a la hoguera a personas cuyo único «pecado» era tener un gato negro en casa. Afortunadamente esas supersticiones están casi superadas, aunque algunos todavía consideran que cruzarse con un gato de ese color es una señal de mal augurio.

Otro animal negro como la noche y que también ha sido protagonista de numerosas leyendas terroríficas es el cuervo. En este caso, su mala fama no viene solo por el color, sino también porque era el ave que, graznando, sobrevolaba los campos de batalla en la antigua Europa y los limpiaba de cadáveres. Su asociación con la muerte, la guerra y los malos augurios era inevitable. Además, al igual que le sucedió al gato, el cuervo también se consideraba un compañero inseparable de las brujas y un espía del diablo. La verdad es que se trata de un ave singular y, como en tantas ocasiones, lo que es diferente causa inquietud.

GATO
Magia y misterio

Simbología: independencia, astucia, suerte.

Signo del Zodíaco: todos, dependiendo del color del pelo.

Poderes: protección y limpieza de energías.

Una ayuda inestimable

Inteligencia, astucia, intuición y grandes dosis de independencia, esas son las cualidades del gato en las que primero pensamos. Y es que como animal de poder no hay muchos que transmitan un mensaje más claro. Pero su magia resulta más amplia, porque en ella también hay algo de sobrenatural y secreto, de misterio y refinamiento. Su energía aviva nuestra capacidad para permanecer vigilantes, para percibir todo aquello que habitualmente no somos capaces de notar y, al mismo tiempo, despierta nuestros poderes psíquicos, brindándonos una buena protección. Esa protección resulta aún más poderosa porque él nos enseña cómo captar las vibraciones negativas y transmutarlas en positivas, logrando así una limpieza energética profunda de nuestro interior y del entorno. Y un ambiente purificado atrae a la suerte, al dinero y a la fortuna. También nos presta su apoyo para que nos alejemos de aquellas personas o situaciones que nos resultan opresivas o problemáticas, que frenan de algún modo nuestro avance; esa es una de las principales enseñanzas del gato: no siempre hay que enfrentarse a los contratiempos y las dificultades de una forma directa, en ocasiones la solución se encuentra cuando hemos cogido distancia de ellos. Por último, otro de los mensajes que nos transmite es el de adaptación y flexibilidad ante los cambios de cualquier índole, sin temerlos y manteniendo nuestra mente abierta para aprovechar lo novedoso que nos traen. La influencia mágica del gato también ayuda a despertar nuestra curiosidad por lo que nos rodea, nos incita a amar la vida y perseguir los sueños, y nos hace más estoicos ante el sufrimiento.

La otra cara de sus poderes

Aunque ya hemos visto que los poderes mágicos del gato son muy beneficiosos, algunas personas consideran a este animal como un enviado del mal, especialmente si su pelaje es de color negro. ¿Cómo es posible tanta disparidad de apreciaciones? Sin duda, parte de esta dualidad se debe a que nos sorprenden algunas de sus reacciones, impredecibles para un animal domesticado y quizá ese sea el error, pues si bien el gato disfruta de la compañía del ser humano desde hace muchos siglos, su carácter tan independiente hace que, en realidad, continúe manteniendo parte de la naturaleza salvaje de todos los felinos.

Pero en esa apreciación tan negativa del animal también tiene gran peso la tradición heredada de la cultura celta, que lo asociaba a los poderes oscuros y malvados, y lo consideraba el inseparable compañero de druidas, hechiceros y brujas. En época medieval se creía que era la encarnación del diablo y que las brujas podían adoptar su forma durante la noche para mezclarse entre los seres humanos. Actualmente debemos desterrar todos esos prejuicios y valorar todos los maravillosos atributos que nos ofrece este animal, sin tener en cuenta el color de su pelo, olvidándonos de las leyendas y de la brujería negra.

SIMBOLOGÍA

El simbolismo del gato es muy contradictorio desde la Antiguedad.

Antiguo Egipto: la diosa Bastet, representada con cabeza de gato, era la protectora del hogar, la que traía, felicidad, alegría y el calor del sol.

Cultura celta: era el guardián del inframundo.

Mitología vikinga: símbolo de fertilidad y de buena suerte para los recién nacidos.

Antigua Roma: el gato era un símbolo de bondad.

Edad Media: era considerado un ser diabólico, especialmente si tenía el pelaje negro, pues entonces encarnaba al mismo demonio.

China: el gato es símbolo de fortuna, felicidad y fertilidad; también está considerado el guardián de la creación y el vigilante del orden cósmico.

Japón: el bakeneko es un espectro que toma forma de gato, tiene habilidades como mago y adivino, es capaz de hablar, y causa terror y pesadillas.

BÚHO
Mensajero de presagios

Simbología: sabiduría, clarividencia, conocimiento oculto.

Signo del Zodíaco: Sagitario (22 noviembre – 21 diciembre).

Poderes: suerte material, intuición.

La magia y el ocultismo

El búho es un animal nocturno y lunar, un mensajero que une el mundo celestial con el terrenal y con el inframundo, un emisario de secretos y presagios. Es un ave que puede moverse con extraordinario sigilo y seguridad en medio de la oscuridad de la noche, que incluso es capaz de percibir lo que le rodea en un mundo de tinieblas y de cazar con increíble destreza. Cuando lo adoptamos como guía de nuestra vida y él nos transmite sus poderes, nosotros también podremos permitirnos dejarnos guiar por la intución y desarrollar nuestras capacidades psíquicas para «ver lo oculto», para discernir lo que es verdadero o falso, tanto de las personas que nos acompañan como de las situaciones en las que estamos inmersos, incluso nos ilumina para que reconozcamos y aceptemos las partes más oscuras de nuestro propio ser. El búho nos ayuda a desplazarnos por nuestra vida con libertad, con movimientos rápidos, pero silenciosos, contemplando el entorno con una visión aguda y profunda, siendo conscientes de todo lo bueno y lo malo que nos rodea, enfrentándonos con decisión y arrojo a cualquiera que intente agredirnos o amenazarnos de cualquier modo.

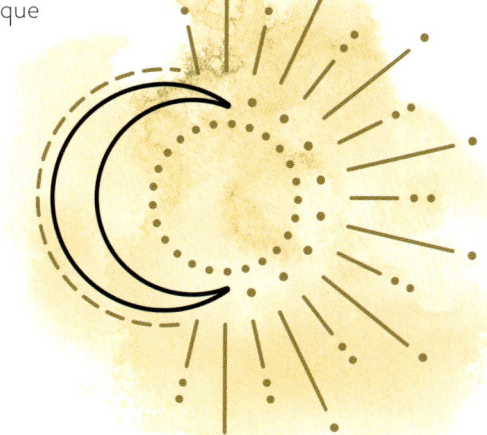

Junto a todas esas cualidades, el búho también nos aporta sabiduría e inteligencia para ver más allá de lo evidente, agudeza mental para pensar con claridad y precisión, y astucia para sobrevivir debido a su gran capacidad de observación. La discreción es otra de sus grandes aportaciones, una discreción que nos permitirá ver y escuchar en

El búho representa
el misterio,
la clarividencia
y el conocimiento,
aunque varía
un poco según
la cultura.

**Egipto faraónico
y cultura celta:** el búho era
el protector del inframundo y
de los muertos, así como
el guardián de las almas
y de los espíritus que habían
pasado de un plano a otro.

Antigua Grecia: el búho
era el acompañante y,
en ocasiones, la representación
de Atenea, la diosa de la
sabiduría y la inteligencia.

Europa medieval: se creía
que las brujas y los magos
podían transformarse
en este animal para
acceder a otros planos
de la existencia o para huir
rápidamente de algún peligro.

Nativos americanos:
está considerado un sabio
y un oráculo de los
conocimientos secretos.

silencio, analizando bien el entorno y haciéndonos más poderosos para enfrentar cualquier situación.

La magia y el ocultismo

Debido a esa fuerza mística que encarna, el búho se ha convertido en un símbolo de clarividencia y conocimiento oculto, y en un compañero inseparable de magos, hechiceros y nigromantes, que emplean los misteriosos poderes de este animal en sus ceremonias y adivinaciones. Hubo épocas en las que se creyó firmemente que escuchar el ulular de un búho durante la noche era presagio de desgracias y de muerte. Incluso se llegaba a creer que usar sus plumas en rituales mágicos servía para acciones tan dispares como curar enfermedades e invocar a demonios y espíritus.

Pero no todos los presagios son tan oscuros y fúnebres, ya que el búho también está considerado como un talismán para la buena suerte material, la fortuna y la capacidad para atraer el dinero, siempre y cuando ese gusto por la riqueza no se convierta en una servidumbre que nos haga vivir solo para ese fin. Debemos confiar en que la sabiduría del animal nos ayude a equilibrar esas malas inclinaciones.

MURCIÉLAGO
Símbolo de la comunicación

Simbología: comunicación, misterio, sueños.

Signo del Zodíaco: Leo (23 julio – 22 agosto).

Poderes: ilusión, renacimiento, viajes espirituales.

El guardián de la noche

Lo primero que debemos hacer para valorar todo lo que nos puede aportar el murciélago como guía de nuestra vida es olvidar la leyenda negra que le rodea y mantener la mente abierta a los dones que nos trae este poderoso animal. Su fuerza mágica es especialmente intensa en todo lo relacionado con la espiritualidad y el misticismo, con el desarrollo de nuestros capacidades psíquicas y clarividentes, con la experimentación de niveles de percepción y de conciencia más elevados. Sin duda es un orientador exigente, que demanda nuestro pleno compromiso con el crecimiento espiritual, pero si respondemos adecuadamente y nos considera dignos de sus enseñanzas, nos será fiel de por vida y nos proporcionará una ayuda muy valiosa para seguir el camino de la automejora, de la lucha contra nuestras debilidades y, por tanto, de la renovación y el renacimiento interior. Aumentará nuestra sensibilidad hacia todo lo que nos rodea para que lo percibamos de una forma consciente, nos hará más receptivos a los sentimientos de los demás e incrementará nuestra capacidad para tener sueños proféticos y realizar viajes interiores.

Al mismo tiempo, el murciélago nos traerá la ilusión que acompaña a todos los cambios, alejando cualquier temor, y mejorará nuestra capacidad de comunicación, tanto verbal como gestual y sensorial, enriqueciendo y afianzando de este modo los lazos familiares y de amistad.

Otra visión del murciélago

Hay varias circunstancias relacionadas con la biología de este animal que han influido negativamente en la percepción que se tiene de él. Posiblemente sea su extraño aspecto, sus hábitos nocturnos, que le hacen refugiarse en oscuras cuevas durante el día, o los hábitos alimenticios de solo tres especies, que se alimentan con sangre, lo que le haya rodeado de misterio y haya fraguado su relación con la brujería, los malos presagios y su simbolismo como manifestación de las almas de los muertos. Pero ya hemos visto que todo eso son falsos mitos y que, en realidad, el murciélago puede llegar a ser un poderoso aliado para nuestro cremimiento.

En el horóscopo maya

El murciélago tuvo tanto significado en la cultura maya que fue uno de los animales elegidos para representar el signo zodiacal que lleva su nombre. En general, las personas que han nacido bajo su protección son muy seguras, tienen las cosas claras y una elevada autoestima, aunque a veces pecan de impulsivas. Poseen una gran energía vital, son luchadores, emprendedores y responsables, y están acostumbrados a triunfar en todo lo que se proponen. Esto les convierte en líderes natos, que saben dar órdenes e imponer su autoridad. Con este carácter tan fuerte y exigente, no es extraño que en el terreno del amor y la amistad busquen siempre personas a quienes puedan admirar y respetar; con ellas son protectores y se dan sin reservas, aunque necesitan conservar una pequeña parcela privada de independencia y libertad.

SIMBOLOGÍA

Espiritualidad, misterio y comunicación son las características más significativas del murciélago.

Cultura maya: este animal era considerado una deidad asociada a la oscuridad, la noche y el inframundo.

Aztecas y zapotecas: para ellos era un símbolo de la fertilidad y la sexualidad.

Indios nativos de Norteamérica: era un poderoso símbolo de la intuición, las visiones espirituales y los sueños, y el mejor aliado para la medicina de los chamanes.

China y Japón: el murciélago representa la felicidad y sus cinco elementos: la salud, la riqueza, la larga vida, la buena suerte y la tranquilidad de una muerte pacífica.

CUERVO
Un oráculo visionario

Simbología: sabiduría, inteligencia.

Signo del Zodíaco: Libra (23 septiembre – 22 octubre).

Poderes: clarividencia, visiones proféticas.

El guardián de los secretos

Desde la más remota antigüedad, todos los pueblos y culturas han reconocido uno de los principales atributos del cuervo: su extraordinaria inteligencia. Son muchas las manifestaciones que podemos observar de este poder, como su capacidad para memorizar o resolver problemas, o la de utilizar herramientas para acceder a la comida. Aunque, sin duda, una de las más evidentes y que más sorpresa nos causa es el talento que muestra para imitar los sonidos que escucha en su medioambiente, incluso la voz humana y algunos sonidos muy característicos, como la risa o los esturnudos. Por supuesto, esto no quiere decir que pueda hablar, pero sí que tiene una gran capacidad de aprendizaje.

Teniendo esto en cuenta, es lógico pensar que el cuervo nos aporta elocuencia y, sobre todo, sabiduría e inteligencia, pero no solo a nivel mental, sino que también nos ayuda a adentrarnos en nuestra conciencia más profunda, a conectar con ella y hallar esa sabiduría oculta que nos permite buscar las respuestas en la propia psique. Esa capacidad de conexión profunda nos hace valorar la autorreflexión y la introspección, y a reconocer también nuestro lado más oscuro, sin miedos, a tener la habilidad de intentar encontrar un equilibrio con lo positivo que encerramos en nuestro interior, de hallar la luz en la oscuridad, reconstruyendo lo que sea necesario y favoreciendo un proceso de renovación que siempre resultará beneficioso.

El cuervo también es profético y visionario, posee una especial clarividencia para predecir el futuro y re-

velar señales y presagios, para traernos mensajes del cosmos, unos mensajes que están más allá del espacio y el tiempo, que nos conectan con la sabiduría y los secretos ancestrales.

La dualidad del cuervo

Como ocurre con todos los animales que integran este capítulo, el simbolismo y los poderes mágicos del cuervo se pueden interpretar de modos diferentes. Por ejemplo, su invitación para que nos adentremos en nuestra oscuridad interior, que hasta ahora hemos descrito desde una perspectiva positiva, a veces se considera un mensaje negativo y produce miedo, pero no debemos entenderlo de ese modo, ya que solo conociéndonos profundamente podremos tomar medidas para renovarnos y proyectarnos hacia la luz.

También negativos son los mensajes que asocian al cuervo con los malos presagios cuando aparecen en nuestros sueños, o con lo desconocido, el misterio y la muerte, quizá por el intenso color negro de su plumaje, que emite reflejos iridiscentes azulados y púrpura, o por ser un ave no tiene reparos para alimentarse de carroña, es decir, de cuerpos sin vida. Pero la realidad nos enseña que no debemos temerle, porque él, como el resto de los animales, solo se comunica con nosotros para ayudarnos, para hacer que nuestra vida sea mejor.

SIMBOLOGÍA

La sabiduría y el espíritu profético del cuervo se muestra en distintas mitologías.

Mitología escandinava: a Odín le acompañan dos cuervos sagrados, Muninn (Memoria) y Huginn (Pensamiento), que cada mañana vuelan en direcciones opuestas para recoger los secretos del mundo y contárselos a él.

Celtas: el cuervo era el oráculo de Morrigan, la diosa de la guerra, la muerte y la destrucción.

Inuit de Alaska: según una leyenda, un cuervo, con su sabiduría, logró engañar y vencer a un monstruo marino gigante; el cuerpo de este se convirtió en la masa de tierra que constituye Alaska.

Culturas orientales: es un mensajero de los dioses y un símbolo del sol.

SAPO
Anuncio de un cambio

Simbología: metamorfosis, cambio positivo.

Signo del Zodíaco: Libra (23 septiembre – 22 octubre).

Poderes: serenidad, renovación espiritual.

Energía mística

Cambios y transformaciones positivas, serenas y calmadas; esos son los mejores regalos que nos ofrece el poder mágico del sapo. Él nos guiará para que asumamos y nos adaptemos a los vaivenes que traiga la vida, y a que lo hagamos con una actitud alegre y serena. Y extiende esa buena disposición también hacia aquellos que nos rodean, ayudándonos a aceptar sus diferencias con comprensión, tolerancia y mente abierta. Es un animal con un significado espiritual y místico muy profundo y hermoso, que coopera para que nos conozcamos más en profundidad, para que logremos regenerarnos y elevarnos espiritualmente, para que experimentemos una verdadera metamorfosis psíquica y emocional. Es una fuente de orientación, inspiración y curación interior, que nos ayuda a superar los obstáculos de la vida e, incluso, nuestras propias limitaciones. Con su auxilio podremos olvidarnos de viejos patrones de pensamiento y de comportamiento, y descubrir y experimentar nuevas formas de afrontar nuestra existencia.

Pero el simbolismo del sapo es mucho más amplio, ya que también se le considera una representación de la sabiduría, la longevidad, la fertilidad, la buena suerte y la prosperidad. Y de la sanación, no solo espiritual, como veíamos antes, sino también de la mente y el cuerpo. Este último aspecto alcanza una gran importancia en algunas tradiciones, que consideran a este animal un remedio eficaz contra diversas enfermedades y dolencias, como tumores, depresión y ansiedad.

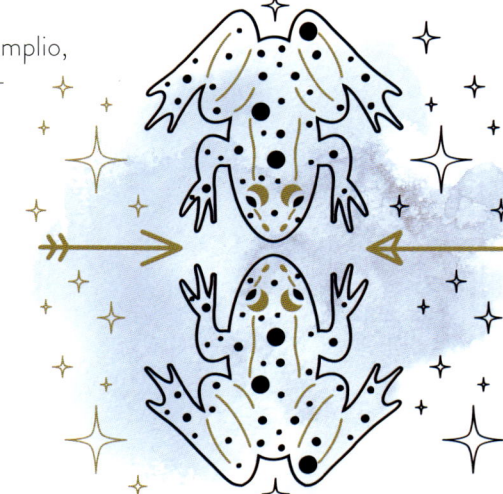

Leyendas a favor y en contra

Quizá sea por su aspecto, con ojos saltones y una piel áspera y a veces verrugosa. O quizá sea porque algunas especies son portadores de veneno. Pero sea por una u otra razón, lo cierto es que alrededor de este animal se ha tejido desde antiguo una poderosa leyenda negra. Ya lo mencionaba el poeta latino Horacio en unas de sus obras, asociando al sapo a una escena de magia negra. Y así ha seguido considerándose en muchas leyendas, que o tachan de horripilante creación del diablo y lo convierten en ingrediente insustituible de pócimas y conjuros realizados por brujas.

Afortunadamente, y como contraposición, en otras culturas lo valoran como un animal muy beneficioso que puede proporcionarnos mucha ayuda. Por ejemplo, en China, lo utilizan como amuleto de la fortuna y el dinero a una estatuilla conocida como Chan Chu, que representa a un sapo con tres patas y rodeado de monedas, con una de ellas en la boca. También entre los mapuches de Chile y Argentina este animal tiene un significado muy positivo, y se le considera el guardián de las fuentes y los manantiales, y su croar es una llamada que anuncia la llegada de la lluvia vivificante.

Opiniones y leyendas enfrentadas que expresan la dualidad que encierra el sapo, un animal poco agraciado exteriormente, pero con una magia interior muy positiva y beneficiosa.

SIMBOLOGÍA

Cambio, fertilidad y fortuna es lo que trae el sapo a nuestras vidas.

Antigua Grecia: era símbolo de la vida que existía tras la muerte, de la curación y de los remedios mágicos.

Cultura andina: representaba a la madre tierra, por lo que era un símbolo de fertilidad y de renovación de la vida.

Cultura maya: era un enviado de los dioses y un símbolo de la vida y la muerte, pues su canto podía llevar a las personas hacia la luz a través del portal del inframundo.

Pueblos africanos: se asocia a la fertilidad, el rejuvenecimiento y la renovación.

China: es un símbolo de fortuna y prosperidad, atrae riqueza y abundancia, y aleja la mala suerte.

Japón: el sapo simboliza longevidad y sabiduría, y son el vehículo para comunicarse con los ancestros.

ARAÑA
Misterio y poder

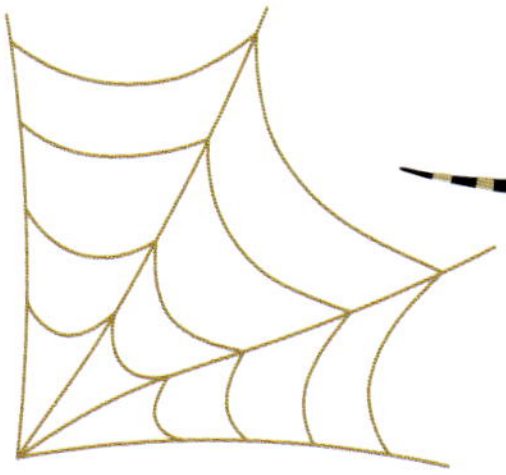

· ·

Simbología: poder espiritual, crecimiento interior.

Signo del Zodíaco: Escorpio (23 octubre – 21 noviembre).

Poderes: elección de nuestro destino.

Tejedora del destino

La capacidad mágica de la araña podemos relacionarla con la sabiduría profunda, con ese conocimiento interior que nos permite no interpretar las cosas tal como nos parecen a primera vista, sino situando nuestro foco en un punto más elevado para obtener una perspectiva más amplia y completa. Desde esa posición nos empuja a contemplar nuestra vida, siempre con un enfoque positivo, para que seamos conscientes de que nos movemos en un ciclo de renacimiento y muerte, para que revisemos lo que hemos vivido, seamos conocedores de nuestros comportamientos y comprendamos nuestro destino, haciendo los cambios que consideremos convenientes. En definitva, el gran poder mágico que nos transmite la araña, como experta tejedora que es en el reino animal, es el de permitirnos «tejer» nuestro propio destino, recordándonos que nuestras elecciones influirán poderosamente en cómo se desarrolle nuestra propia existencia, pero también la de quienes nos rodean, y mostrándonos que debemos asumir la responsabilidad que conlleva toda elección. En este sentido, nos convierte en tejedores de nuestro camino en la vida, en sus diseñadores, mejorándola si es posible para que sea como la deseamos y la soñamos, siempre con ilusión, y cambiando su rumbo con creatividad, inspiración e inteligencia.

Energía femenina y misterio

Debido a su fuerza creativa, la araña se ha considerado tradicionalmente una representación simbólica del poder femenino para la creación de vida. Por ejemplo, en muchas

tribus nativas americanas personifica a la «abuela», maestra y protectora de la sabiduría y parte activa en los mitos de la creación del mundo.

Pero la araña también simboliza el misterio, quizá por las intrincadas formas que adquieren sus tejidos. En esas telarañas se inspiran, por ejemplo, los atrapasueños, que nos protegen de las pesadillas y las malas ensoñaciones. El mensaje se hace más complejo, incluso con significados opuestos, cuando tratamos de entender qué significa la aparición de uno de estos animales en nuestros sueños. Generalmente, soñar con una araña suele ser un aviso de que tendremos suerte y éxito en nuestros esfuerzos y problemas diarios, pero si, además del propio animal, tenemos una visión onírica de la tela que ha tejido, nuestra fortuna, felicidad y riqueza se verán aumentadas. Por el contrario, si en el sueño aparecen muchas arañas, suele significar que nos sentimos abrumados por las responsabilidades o por las decisiones que debemos tomar. Una situación intermedia entre ambas lo trae la visión de una araña con las patas muy largas, pues en este caso el aviso se relaciona con la llegada de algún desafío que posiblemente constituya una oportunidad de crecimiento, pero que puede llegar a abrumarnos; el mensaje de este animal mágico es que actuemos con paciencia y astucia, sin dejarnos vencer por las complicaciones.

SIMBOLOGÍA

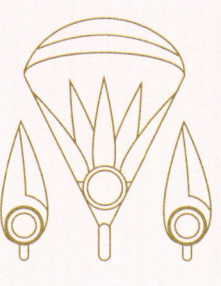

La araña, como «tejedora» de nuestro propio destino, es un animal mágico en muchas culturas.

Antiguo Egipto: se asociaba con Neith, una divinidad asociada con la recreación del amanecer y el atardecer diario.

Grecia antigua: Aracne era una habilidosa tejedora, pero tan vanidosa que se atrevió a desafiar a Atenea para comprobar cuál de ellas era mejor en ese oficio. La tela de Aracne, aunque maravillosa en técnica, representaba a los dioses como borrachos y depredadores. Ante tal insulto, Atenea la castigó convirtiéndola en araña y condenándola a tejer hasta el final de los tiempos.

Cultura hindú: la araña representa la naturaleza ilusoria de las apariencias: no todo es como parece en un primer vistazo.

OTROS ANIMALES MÁGICOS DE TIERRA

Los seres humanos formamos parte del mundo natural
y si queremos desarrollarnos plenamente, nunca
debemos perder el contacto con ese origen,
no debemos alejarnos demasiado de él. Manteniendo
viva esa unión, lograremos que la energía que emana
de otros seres vivos y de los elementos naturales,
nos alcance y nos ayude en nuestro tránsito por la vida.

En ese sentido, la colaboración más estrecha
la conseguimos con los animales, ya que nosotros mismos
tenemos una parte animal. El espíritu de estos seres
nos guía y nos acompaña a lo largo de nuestra existencia
o durante breves periodos de la misma, ofreciéndonos
consejos y remedios, o lo que es más importante,
actuando como espejos en los que nos podamos
contemplar y descubrir nuestra fuerza y energía,
mostrándonos el camino para emplearla correctamente.
Y no solo nos muestran las luces, sino que también se
hacen eco de nuestras partes más oscuras, ayudándonos a
reconocerlas, a asimilarlas y a descubrir el modo de revertir
su poder para no dañar a los demás ni a nosotros mismos.

Madurez, estabilidad, plenitud y calma. Esas son las cualidades que se manifiestan con su máxima intensidad cuando nos alcanzan la energía y los poderes mágicos de los animales de tierra. Ellos favorecen una transición ligera y espontánea en nuestra vida, una continuidad y una integración armoniosa. Y eso es un fiel reflejo del elemento «tierra», que se relaciona con todo lo sólido y firme, con todo lo que sostiene y estabiliza. También nos endurece y nos aísla, tanto en lo físico como en lo emocional y espiritual. Además, el elemento tierra y los animales que se asocian a él nos dan conocimiento, protección y disciplina.y en las siguientes páginas desvelaremos que sus poderes mágicos son tan buenos o tan malos, eso depende de nosotros, como los del resto de los animales.

Las cualidades del elemento tierra

Igual que las plantas introducen sus raíces en la tierra, nosotros nos beneficiamos de este elemento para lograr estabilidad y arraigo, para nutrirnos de su energía creadora y poder desarrollarnos y crecer interiormente, poniéndonos en contacto con todas las facetas de nuestro ser. Al mismo tiempo, nos proporciona una base sólida sobre la que asentar ese crecimiento, ganando con ello seguridad y confianza en nosotros mismos, equilibrio en nuestras acciones y moderación en nuestros sentimientos. Con todo ello generaremos un ambiente de calma y sosiego que nos resultará muy beneficioso.

Otro de los grandes servicios que nos hace la energía de la tierra y la de los animales unidos a ella es la capacidad de ayudarnos a conectar con nuestro yo interior, a reflexionar sobre nosotros mismos, a conocer mejor y aceptarnos tal como somos. También equilibra nuestro cuerpo y nuestra mente, enseñándonos que una vida activa provechosa y saludable debe ir acompañada de momentos de descanso y placer.

Por último, no hay que olvidar que la fuerza de este elemento promueve el amor y la generosidad hacia los demás, la empatía y la solidaridad, la amabilidad y la simpatía, toda una lección de conocimiento y sabiduría emocional.

Relación con los signos astrológicos

Las cualidades que proporciona el elemento tierra, cuya energía se transmite a los poderes mágicos de los animales, resultan especialmente beneficiosas para todas aquellas personas que hayan nacido bajo el influjo de tres signos zodiacales: Tauro, Virgo y Capricornio. En general, los tres precisan estabilidad, solidez y seguridad, tanto en el terreno material como en el sentimental, no temen el trabajo duro y son muy constantes, valoran el orden y la tranquilidad, y no suelen asumir muchos riesgos en ninguna faceta de su vida. Además, su parte física y racional suele dominar sobre la espiritual, y su creatividad se encuentra parcialmente comprometida por una visión objetiva de las cosas. Suelen demostrar empatía y paciencia, pero también terquedad, y si se les lleva al límite, nos sorprenden con fuertes ataques de ira.

Estas características generales de personalidad toman distintas formas en cada uno de los signos. En el caso de Tauro domina especialmente la búsqueda constante del disfrute sensorial y de la belleza, le gusta la comodidad y, aunque es trabajador, prefiere conseguir los rendimientos con el menor esfuerzo posible, ya que es un poco perezoso; en el terreno del amor y la amistad suele mostrarse bastante posesivo. Virgo está dominado por una actitud muy crítica y a veces algo monótona, le gusta la rutina y los hábitos bien establecidos, la limpieza y cuidar su salud; también el trabajo eficiente, por lo que se implica mucho en todo lo que emprende, poniendo en ello compromiso y dedicación. Cuando hablamos de Capricornio, lo hacemos de la gestión y la planificación, y de una fuerza inquebrantable para conseguir la meta que se haya propuesto, sin importar el tiempo que tarde en alcanzarla; también hablamos de personas ambiciosas, con mucho carácter y determinación.

ARDILLA
Alegría y vitalidad

Simbología: alegría de vivir, vitalidad.

Signo del Zodíaco: Géminis (21 mayo – 20 junio).

Poderes: diversión, energía, imaginación, equilibrio.

Equilibrio entre juego y previsión

Los poderes mágicos de la ardilla se encuentran estrechamente ligados a su propio espíritu, es decir, es un animal con una naturaleza alegre, vital y juguetona. Y son precisamente esos atributos los que nos aporta cuando se acerca a nosotros como guía y apoyo. Pero no hay que olvidar que también se trata de un animal muy previsor, que almacena comida en primavera y verano para tener alimentos disponibles en invierno, cuando los frutos escasean. Teniendo en cuenta ambas facetas, comprobamos que la ardilla es una excelente compañera espiritual tanto para personas muy formales y sensatas, que precisan fomentar su capacidad lúdica y los momentos de distracción ociosa, como para todas aquellas cuya vida gira en torno a la diversión, pero que necesitan aumentar su carácter previsor y su sentido de la responsabilidad.

Esa combinación de atributos que aporta nos ayudará a llevar una vida más equilibrada, en la que la energía esencial, la alegría y el optimismo se verán compensadas con la prudencia, la mesura y un sentimiento de compromiso y deber. Su mensaje nos permitirá organizar mejor nuestras prioridades, con lógica y prevención, siendo más autosuficientes y sin dispersarnos, pero sin caer tampoco en la exageración, reflexionando sobre el futuro y sin olvidar que en nuestra vida siempre recogeremos lo que sembramos. Otro de los grandes beneficios que nos aporta la ardilla es que mejora nuestra capacidad para relacionarnos socialmente, haciendo que nos comuniquemos con los demás de forma más eficaz y aportemos alegría a nuestro entorno.

El aviso de un cambio

En general, cuando aparece una ardilla en nuestras visiones o en los sueños, suele significar que se avecina un cambio en nuestras vidas o que es el momento idóneo para plantearnos ese cambio. También puede avisarnos de que estamos olvidando lo que nos importa verdaderamente y entonces deberemos reflexionar y encauzar todo en una nueva dirección. Cualquiera de estos mensajes tendrá mayor probabilidad de llegar a un desenlace positivo si la ardilla que hemos visualizado tiene el pelaje de color oscuro, en lugar del rojizo o el castaño, que son los más comunes.

Si en nuestra ensoñación aparece la ardilla en libertad, puede sugerir que alcanzaremos el éxito en los proyectos que emprendamos, pero que la felicidad que obtendremos con ello será pasajera. Cuando la ardilla se muestra encerrada en una jaula, el mensaje será positivo, a pesar de que las apariencias sugieran lo contrario, ya que indica que estableceremos relaciones que serán provechosas para nosotros. Por último, visualizar a varias ardillas juntas puede ser una señal de que en breve dispondremos de mayor riqueza material y tendremos que aprovechar las oportunidades que se nos presenten, pues nos reportarán un resultado favorable.

SIMBOLOGÍA

La ardilla trasmite vitalidad y alegría de vivir y por ser tan inquieta, es mensajera de los dioses.

Mitología nórdica: según una leyenda, la ardilla Ratatoskr corría arriba y abajo del árbol cósmico Yggdrasil para transmitir mensajes de discordia entre el águila que se hallaba en la cima y el dragón en las raíces.

Culturas indígenas americanas: la ardilla representa la astucia, la agilidad, la creatividad y la imaginación, y es un animal de protección.

China e India: se asocia con la fortuna y la buena suerte, y es una promesa de éxito y prosperidad en los negocios.

Mitología celta: la ardilla blanca simbolizaba la conexión entre el mundo material y el espiritual y era la mensajera de los dioses.

CEBRA
Apego y solidaridad

Simbología: apoyo y defensa dentro del grupo.

Signo del Zodíaco: Tauro (20 abril – 20 mayo).

Poderes: mantener la personalidad dentro del grupo.

Ser uno en la multitud

Agilidad, equilibrio, armonía, claridad sin filtros… estas son solo algunas de las capacidades energéticas y mágicas que nos puede transmitir la cebra como animal guía de nuestra vida. Todas son importantes, pero entre ellas falta la principal facultad que nos transfiere: la de ser capaces de mantener nuestra propia individualidad, nuestra esencia, cuando nos integramos en cualquiera de los grupos sociales en los que desarrollamos nuestra existencia diaria. Su apoyo nos permite afianzar los lazos afectivos con quienes nos rodean y, al mismo tiempo, encontrar en esos compañeros, amigos o familiares el amparo que precisamos cuando nos hallamos en peligro o en una situación difícil y complicada. Eso nos ayudará a sobrevivir y salir del apuro lo más indemnes posible. Comprometerse en las relaciones personales es, sin duda, un desafío, pero la cebra nos permite enfrentarlo como una oportunidad de crecimiento, como una ocasión propicia para desarrollar nuestras habilidades. También para empatizar con nuestros seres queridos, comprenderles, escucharles e intentar protegerles eficazmente.

La cebra como guía

Cuando en nuestras visiones interiores o en nuestros sueños aparece continuamente la figura de una cebra quiere decir que ese animal se ha convertido en la guía de nuestra existencia, en un apoyo vital que con su mágico poder nos ayudará a mejorar nuestro día a día. El primer mensaje que nos transmite es que examinemos en profundidad el tipo de relación que mantenemos con cada

La cebra nos recuerda la importancia de pertenecer a un grupo, pero no por ello perder necesariamente la propia esencia.

África: representa la libertad y la fortaleza, la valentía y la audacia para enfrentar los desafíos.

América: este animal se entiende como un símbolo de liderazgo y sabiduría.

Antigua Grecia: algunos mitos contaban que el dios Dionisos subió al cielo montado en una cebra, por eso este animal se convirtió en símbolo de la deidad, que representaba el aspecto más salvaje de la naturaleza humana.

China: sus rayas blancas y negras representan a los opuestos complementarios, al yin y el yang, a los contrastes que es necesario equilibrar y armonizar.

uno de los grupos sociales en los que nos movemos. Si percibimos que existe un problema o que algo no discurre como debiera, nos aconseja que no lo enfrentemos de manera directa y violenta, a no ser que no haya otra forma de hacerlo, pues posiblemente fracasemos; lo más adecuado es que pongamos en marcha nuestra agilidad y destreza mental para hallar la solución.

Además de ese mensaje, que constituye la esencia y el principal poder de este animal, su aparición en uno de nuestros sueños nos alerta sobre la necesidad de encontrar el equilibrio y la armonía en nuestra vida. Si, además, durante nuestra visión onírica la vemos convertirse en otro animal, nos avisa de que se acerca un cambio o de que ya estamos inmersos en él y debemos emprender un nuevo comienzo. Una manada de cebras recuerda la importancia del grupo y nos sugiere que estrechemos los lazos afectivos que nos unen con la familia y las amistades. Si la imagen mental nos muestra subidos a lomos de uno de estos animales nos advierte de la necesidad de explorar, de asumir riesgos y buscar nuevas experiencias. Finalmente, cuando en la ensoñación percibimos que el animal está herido, eso no es más que un reflejo de nuestra propia vulnerabilidad y un recordatorio de que debemos prestar más atención a nuestro bienestar emocional.

LAGARTO
Buenos presagios

Simbología: protección, alegría de vivir.

Signo del Zodíaco: Capricornio (22 diciembre – 19 enero).

Poderes: alertar y proteger del mal de ojo, adaptabilidad a los cambios.

Vivir feliz y adaptarse

Son varias las diferentes fuerzas y energías que nos traslada el lagarto para influir y guiar nuestras vidas. En primer lugar, su poder mágico nos transmite alegría y aceptación, nos hace tomar conciencia de los ciclos de la vida, sentirnos serenos y disfrutar de todo lo que nos rodea, apreciando su belleza, valorando el placer que nos proporcionan las cosas pequeñas y sencillas, y aumentando nuestro bienestar. Al mismo tiempo, nos llama a estar alerta a cuanto sucede a nuestro alrededor, confiando en la intuición para descubrir posibles peligros y prevenirlos con tiempo; en este sentido, el lagarto se convierte en un espíritu protector. Y cuando hablamos de peligros no nos referimos solo a los que afectan a nuestro ser físico, sino también a los que atentan contra la estabilidad emocional, como puede ser el mal de ojo.

Otra de sus capacidades es la de ayudarnos a asumir los cambios y los nuevos comienzos con ilusión y sin miedos. El apego que sentimos hacia lo que conocemos no debe ser excesivo, pues eso nos frena, nos paraliza, y cierra nuestra mente y nuestro espíritu, no permitiéndonos aprovechar las nuevas oportunidades y las experiencias que se nos presenten y que pueden tener un impacto positivo en nuestra vida. Ser flexibles y adaptables nos posibilita la supervivencia. Y, en ocasiones, también la prosperidad y la fortuna, porque la buena suerte es otro de los beneficios que trae el lagarto a nuestras vidas.

El lagarto como nagual maya

En la antigua cultura maya, el nagual c nahual era un espíritu protector y guía que se unía a nosotros durante el nacimiento y nos acompañaba durante el resto de nuestra vida. Generalmente se manifestaba en los sueños y las visiones oníricas, aprovechando esos momentos para hacernos llegar sus consejos. Los nagual se relacionaron con su sistema de calendario astronómico, que dividía la cuenta en periodos de 13 lunas y a cada una de ellas se le atribuía un signo zodiacal bajo la protección de un animal sagrado.

Uno de esos animales es el lagarto, que se ha convertido en el espíritu guía de los nacidos entre el 13 de diciembre y el 9 de enero. A ellos, a sus protegidos, les transmite su propia esencia espiritual y les hace mantenerse en un estado de cambio continuo, cuya finalidad es hallarse a sí mismos, sin conformarse con lo que ya se conoce, buscando siempre algo más. A pesar de esta aparente complejidad, las personas con el nagual lagarto suelen ser sencillas, muy buenas compañeras, ordenadas y metódicas en sus actuaciones. Si hay que ponerles alguna falta es que se toman mucho tiempo para cualquier decisión, no por inseguridad, sino para optar siempre por la opción más acertada. En esos casos, conviene mostrarse paciente con ellos, pues reaccionan muy mal a las presiones y, si se sienten coaccionados o intimidados, lo más seguro es que se alejen definitivamente de quien les haya hecho sentirse así.

SIMBOLOGÍA

El lagarto es un animal garante de la protección y que consigue siempre presagios favorables a quien lo ve.

Europa: en diversos países europeos, encontrar un lagarto es un símbolo de buen augurio y también de protección contra todo peligro. También es el símbolo de la tierra y la abundancia.

Centroamérica: simboliza la protección contra todos los peligros. Era un animal sagrado para los antiguos mayas y representaba la muerte y la resurrección.

África: en muchos países el lagarto está considerado como el mensajero de los dioses. En Senegal, además, se muestra como un símbolo de buen augurio.

Cultura maorí: el simbolismo de este animal es benevolencia y se ha convertido en un amuleto muy habitual debido a sus numerosas virtudes.

CHIMPANCÉ
Sociabilidad e imaginación

Simbología: creatividad, sociabilidad, inteligencia.

Signo del Zodíaco: Acuario (20 enero – 18 febrero).

Poderes: imaginación, amabilidad, comunicación.

Inteligencia y adaptabilidad

Las propias capacidades del chimpancé se convierten en atributos mágicos cuando este animal nos toma bajo su protección. La primera competencia que nos estimula es la inteligencia, ya que no en vano él es uno de los animales mejor dotados en ese aspecto. Se trata de un consejero sabio y un buen mentor, que sabrá despertar nuestras sensaciones, nuestra percepción de lo que nos rodea y nuestra conciencia. Su talento creativo y su imaginación serán nuestros grandes aliados cuando necesitemos hallar la solución a un problema o a una situación complicada. A ello nos ayudará también su habilidad para la comunicación verbal, ya que un mensaje transmitido correctamente tiene mayores posibilidades de llegar con éxito a su destinatario. Pero, cuidado, ninguno de estos dos importantes dones se debe emplear para confundir o intimidar a los oponentes, sino únicamente para hacer que nos entiendan mejor, para enfocar el asunto en la dirección correcta. Comunicar emociones y compartir anécdotas nos allanará el camino y nos permitirá lograr una mayor cercanía con nuestros interlocutores, que se mostrarán menos reacios a considerar nuestro punto de vista.

Otro importante aspecto es el que se refiere a la sociabilidad, pues nos ayudará a conceder una mayor importancia a las relaciones familiares, de amistad y compañerismo, nos ayudará a cuidarlas con esmero, a protegerlas... aunque hay que señalar cierto inconveniente no tan positivo. Y es que, en las relaciones amorosas, los episodios de dominio o de

celos suelen ser relativamente frecuentes; hay que estar muy atentos para evitarlos o, si se producen, para minimizar su impacto negativo.

Su entrada en nuestra vida

Como ya hemos visto, el chimpancé se acerca a nosotros como guía espiritual cuando precisamos ser más inteligentes y creativos para resolver alguna situación que nos inquieta, cuando necesitamos mejorar la comunicación a través del lenguaje o si nos hallamos en un momento vital en el que debemos mejorar nuestra capacidad de compasión y disminuir los impulsos agresivos.

Pero también se puede acercar hasta nosotros mediante los sueños y, en esos casos, será para traernos algún mensaje concreto que afecta a nuestro presente más inmediato. Generalmente será el aviso de que estamos ignorando algo importante que está frente a nosotros o que tenemos alguna necesidad insatisfecha; en este caso, conviene que reflexionemos e intentemos eliminar lo accesorio que nos rodea para poder concentrarnos en aquello que en estos momentos adquiere mayor entidad para nuestra vida. Si en lugar de a un mono solitario vemos a un grupo, el mensaje será esperanzador, pues nos comunicará que los problemas que afectaban a nuestra familia se están resolviendo y pronto volveremos a disfrutar de paz y armonía.

SIMBOLOGÍA

Si algo representa el chimpancé es la inteligencia y la comunicación similar al humano, aunque cada cultura lo ve diferente.

Aztecas y mayas: se asociaba con la música, los juegos y la diversión.

Culturas andinas prehispánicas: simbolizaba la abundancia, la fertilidad y los aspectos positivos de la vida.

Tradición cristiana: ha tenido una simbología muy negativa, representando las actitudes más deplorables de los seres humanos y su comportamiento vicioso e inmoral.

Hinduismo: representa la forma viva del dios Hanuman y simboliza la fuerza, el conocimiento y la lealtad.

Cultura china: simboliza la alegría y la capacidad de lucha para alcanzar los objetivos.

PAVO REAL
Orgullo y autoestima

Simbología: belleza, orgullo, autoconfianza.

Signo del Zodíaco: Sagitario (22 noviembre – 21 diciembre).

Poderes: nobleza, protección, vigilancia.

Una poderosa reafirmación

Tanto si nos encontramos disfrutando de un buen momento vital como si nos hallamos inmersos en un caos de pesimismo o de falta de confianza, los poderes mágicos del pavo real nos pueden prestar un apoyo muy beneficioso. Y es que este animal se ha ganado por derecho propio ser el emblema del orgullo y la autoconfianza, de la belleza, la nobleza y la elegancia que todos llevamos en nuestro interior, aunque a veces no seamos conscientes de ello. Cuando hablamos de estas cualidades, no nos referimos únicamente a las que corresponden con nuestra parte física, que son más volubles y efímeras, sino también a las que se integran en nuestra parte emocional y espiritual. En esos ámbitos, la narración se hace más profunda, más trascendental, pues afecta a nuestra integridad e incorruptibilidad, a nuestra capacidad de renovación y de despertar interior, a nuestra orientación hacia un bien superior, a un resucitar de nuestras mejores cualidades, de nuestros anhelos más refinados, veraces y honestos.

Este conjunto de propiedades mágicas nos hace mostrar a los demás nuestro verdadero rostro, nuestra esencia, da más dinamismo y vitalidad a nuestra vida y nos ayuda a transitar por ella con fe, confianza y un estado de ánimo adecuado para sentir nuestros propios valores.

Una imagen de contradicciones

Hasta hora hemos expuesto los poderes mágicos del pavo real desde el punto de vista más posi-

tivo, pero no debemos olvidar que todo tiene dos lecturas posibles y que, en determinadas épocas de la historia o en algunas culturas, lo que aquí hemos valorado como positivo ha sido visto desde la perspectiva contraria y tachado de negativo.

Así, su poder para simbolizar la belleza, a autoestima, el cielo y la resurrección, se ha tenido que enfrentar a interpretaciones contrarias que han transformado esos atributos en vanidad, soberbia, presunción e, incluso, maldad encubierta.

Con esta última interpretación negativa no está de acuerdo, entre otros, el feng shui, que considera al pavo real un símbolo de fama y amor, y aconseja situarlo en el exterior de la casa, en las esquinas sur y suroeste, o si se trata del interior, en el salón o en cualquier otro espacio común destinado a socializar, pero nunca en el dormitorio. Al simbolismo positivo también se suma el antiguo calendario astronómico maya, que mostraba gran consideración por esta ave, a pesar de que fuera incapaz de volar. Para ellos, las personas que nacían bajo la protección de este animal, entre el 15 de noviembre y el 12 de diciembre, estaban destinadas a brillar, a ser atrevidas y ejercer el liderazgo, a ser extrovertidas y carismáticas. En definitiva, unos seres de luz capaces de transformar lo negativo en positivo.

SIMBOLOGÍA

El pavo real ejerce una función de vigilancia, amabilidad y buena suerte a quien lo regenta.

Mitología grecorromana: se asociaba a la diosa Hera; su cola simbolizaba la bóveda celeste y los «ojos» de las plumas, las estrellas.

Babilonia y Persia: era el guardián de la realeza.

China: era el emblema del amor, la amabilidad, la compasión y la buena voluntad.

Cultura hindú: se asociaba con Lakshmi, la deidad que representaba la benevolencia, la paciencia, la compasión, la bondad y la buena suerte.

Cristianismo: simbolizaba la renovación, la resurrección y la inmortalidad, siempre desde un punto de vista espiritual.

Culturas orientales: es un mensajero de los dioses y un símbolo del sol.

RINOCERONTE
Firmeza y protección

Simbología: firmeza interior, percepción, conexión con la tierra.

Signo del Zodíaco: Aries (21 marzo – 19 abril).

Poderes: salud, larga vida.

Resistencia ante las adversidades

Conocernos, aceptarnos y sentirnos cómodos con nosotros mismos. Esa es quizá la primera lección que nos ofrece el rinoceronte como guía de nuestra vida. Y a ello nos ayudará con sus atributos de fuerza y resistencia, que actuarán tanto a nivel físico como mental y espiritual. Conectándonos con ellos, podremos enfrentarnos a cualquier desafío de la vida diaria con determinación y valentía, seguros de nuestra capacidad para superar los obstáculos: precisamente este animal nos enseña que debemos perseverar y no rendirnos nunca ante las dificultades. Esos mismos atributos tienen su reflejo a nivel espiritual, pues nos ayudan a encontrar la conexión con nuestra propia fuerza y poder interior, con nuestra sabiduría emocional, para seguir la senda marcada y no quedarnos solo con los detalles exteriores, sino profundizando y teniendo fe en las aptitudes que realmente poseemos. En ese plano espiritual, también puede actuar como un importante guardián y protector, y nos facilita la apertura hacia los recuerdos de vidas pasadas.

Finalmente, aunque no menos importante, el rinoceronte nos ofrece otro beneficio cuando se presenta como guía de nuestra existencia y es hacer que consigamos una mayor conexión con la naturaleza, enseñándonos que formamos parte de ella y, por lo tanto, que es importante que la cuidemos y protejamos, que apreciemos la bondad de lo que nos rodea y nos revitalicemos sumergiéndonos en ese entorno natural. Así ganaremos confianza, seguridad y estabilidad.

Una importante conexión

El rinoceronte se nos suele aparecer como guía en momentos de nuestra vida en los que necesitamos ser más sabios y dominar la ira o cualquier otro exceso emocional que no nos deje contemplar las situaciones con una visión objetiva, para poder hacerles frente de manera eficaz. Asimismo, debemos invocar su presencia si flaquea la confianza en nosotros mismos o en nuestros instintos, si necesitamos conocernos mejor o si experimentamos una abrumadora sensación de soledad. Su apoyo siempre nos resultará eficaz.

También puede suceder que el animal se acerque hasta nosotros durante los sueños para transmitirnos algún mensaje concreto que debemos saber interpretar. En general, verle en nuestros sueños es una buena señal, pues significa que estamos en el buen camino para alcanzar la sintonía con el entorno y con nuestra fuerza interior, quizá aún estemos en medio de ese proceso de transición, pero su presencia augura una conclusión feliz. Si en nuestra visión onírica el rinoceronte aparece corriendo, puede ser señal de que se acerca una etapa estresante, ya sea personal o laboral, y su mensaje es claro: debemos asumirla como un reto, no como una pesada carga. Por último, si en el sueño nos persigue este animal, es un indicio de que no nos estamos enfrentado a nuestras propias inseguridades y nos aconseja que reflexionemos con calma, miremos en nuestro interior y tomemos las decisiones oportunas.

SIMBOLOGÍA

Resistencia, firmeza interior y protección hacen al rinoceronte un animal poderoso en distintas culturas.

Tradiciones africanas: se considera al rinoceronte como a un mensajero de los dioses, con poderes protectores y un simbolismo de prosperidad y buena suerte.

Europa medieval: se le consideraba un animal fantástico, que no existía en la realidad.

Significado bíblico: es un símbolo de la naturaleza indomable y la fuerza de la creación divina.

Cultura china: el cuerno del rinoceronte simboliza poder, fuerza, abundancia y prosperidad; se le atribuyen poderes afrodisíacos.

Feng shui: representa la protección y la estabilidad, fomenta un ambiente equilibrado, atrae las energías positivas y aleja las negativas.

TORTUGA
Larga vida

Simbología: seguridad, estabilidad, longevidad.

Signo del Zodíaco: Cáncer (21 junio – 22 julio).

Poderes: protección, paciencia, orden.

Los cinco poderes

La tortuga es un animal que cuenta con especies terrestres y marinas, por lo que sus poderes mágicos combinan atributos enraizados en la tierra con otros enlazados con el agua. Su potente energía benéfica llega hasta nosotros reflejada en cinco aspectos muy concretos. El primero se relaciona con la longevidad y la resistencia combinadas con una gran sabiduría que nos enseña a enfrentar la existencia con calma y paciencia, aprendiendo de nuestras experiencias, ya sean positivas o negativas, pues todas son valiosas. Su segundo poder benéfico se asocia con la protección y la seguridad a nivel físico y espiritual, y que nos ayuda a disfrutar de paz y serenidad; es importante señalar que esta capacidad de protección nos resguarda también de las energías negativas y del mal de ojo. El tercer poder nos conecta con el mundo natural, tanto con la tierra como con el agua, mejora nuestra intuición y nos aporta armonía, estabilidad y equilibrio, permitiéndonos disfrutar de todo el universo que nos rodea, incluso de lo más pequeño e insignificante. La cuarta manifestación está más vinculada con nuestra parte espiritual, pues incrementa la paciencia, pero también la determinación, para seguir la senda interior que nos hayamos marcado, manteniéndonos firmes, sin desfallecer, aunque el progreso sea len- Finalmente, y también vinculado con la espiritualidad, su quinto poder actúa sobre nuestra capacidad para transformarnos y renacer renovados interiormente. En definitiva, es un animal que guía nuestra vida hacia la sabiduría, la armonía, la estabilidad, la fuerza y la protección.

Vinculada a la adivinación y a los mitos

Se ha vinculado con las artes de la adivinación y el caparazón que cubre su lomo y su vientre se ha empleado para ver más allá del presente y predecir el futuro. Este caparazón es un símbolo de los cielos, una especie de mapa de las estrellas y de todo lo que está escrito en el firmamento. Una parte de esta creencia se basa en el hecho de que, en la mayoría de las especies, ese caparazón está dividido en 13 secciones, un número que coincide con el de las fases lunares.

La tortuga también adquiere un importante simbolismo en el budismo y en la cultura indígena australiana, siendo protagonista de conocidos mitos. Así, se cree que Buda renació de una de sus vidas anteriores convertido en una tortuga gigante que vivía en las profundidades marinas. Asimismo, se relata que salvó a unos marineros náufragos, a los que permitió subir a su caparazón para guiarles hasta la playa; los marineros salvaron su vida, pero la tortuga quedó tan agotada por el esfuerzo que ya regresó al mar y dejó que otros animales se la comieran.

En Australia, la tortuga Tiddalick se bebió toda el agua del mundo. Los demás animales enviaron a la anguila Nabunum a hacerle cosquillas para que expulsase todo el agua que había bebido. Así consiguieron que volvieran a llenarse de nuevo los mares, los ríos y os lagos.

SIMBOLOGÍA

Por su longevidad y por simbolizar la protección con su caparazón, la tortuga está presente en muchas culturas.

Hinduismo: es la protagonista de un mito, el de la tortuga Chukwa, que es la encargada de sostener el mundo y se vincula con el cosmos.

China: la tortuga simboliza longevidad, estabilidad, protección, equilibrio y apoyo. Al mismo tiempo, también representa el orden cósmico: su capazón simboliza el cielo y su cuerpo, la Tierra.

Japón: este animal se vincula con la larga vida y la buena suerte.

Bali: está considerada como símbolo de la creación de la Tierra y de todo lo que contiene.

Australia: el poder de la tortuga simboliza la salvación y la vida.

OTROS ANIMALES MÁGICOS DE AGUA

Los poderes mágicos que nos transmiten los animales conectados con el agua actúan, principalmente, sobre nuestras emociones, haciendo que estas fluyan con armonía e intensidad, pues esa es la simbología del elemento líquido: vida, circulación y fuerza. Si en repetidas ocasiones visualizamos a un animal acuático, o incluso a una entidad mitológica relacionada con el agua, como es el caso de las sirenas o las nereidas, es evidente que tiene algún significado especial para nosotros, algún mensaje individual y exclusivo que nos quiere transmitir para ayudarnos a transitar por la vida.

Estos animales y seres fantásticos suelen ser un reflejo de nuestro yo más profundo, aunque en ocasiones la conexión con ellos se nos muestre oscura y oculta. Por eso, para entender correctamente su mensaje, resulta imprescindible conocerlos bien, comprender el auxilio que nos pueden proporcionar y mantener nuestra mente y nuestro corazón abiertos a sus dones. ¡Comencemos el aprendizaje!

El agua simboliza la vida, es un elemento que, junto con la tierra, se convierte en lo que nos sustenta y nos purifica, al tiempo que nos permite conectarnos y fluir por nuestro subconsciente y nuestras emociones con una profundidad que el resto de los elementos no logran. Todas aquellas personas que estén interesadas en experimentar un enriquecedor viaje hacia la introspección y el aprendizaje interior no deben olvidar que los animales conectados con este elemento pueden resultar de gran ayuda en ese propósito.

Las cualidades del elemento agua

El agua es la fuerza vital que nos sustenta, tanto a nivel físico como mental y espiritual. Es la energía esencial que fluye por nuestro interior y que, con su movimiento, nos renueva e ilumina, despierta nuestros sentimientos, pensamientos y emociones, fortalece nuestra intuición y deshace bloqueos y estancamientos. Es uno de los elementos más poderosos de la naturaleza y, según el taoísmo, el primero en aparecer y origen de los demás.

Su influencia nos hace más pacientes y compasivos, más imaginativos y sensibles. Cuando discurre de manera adecuada, nos despierta la creatividad y la espontaneidad, nos ayuda a movernos con decisión y perseverancia, con plena confianza en nosotros mismos y en nuestras capacidades, pero sin llegar a caer en la rigidez o el autoritarismo, sin perder un cierto grado de flexibilidad. Incluso en las situaciones que provocan la aparición de nuestros miedos y temores más profundos, su energía nos infunde calma, nos empuja a la reflexión para que logremos transformar ese miedo y seamos capaces de sobreponernos, de volver a recuperar esa seguridad perdida.

En definitiva, el agua y el poder mágico de los animales relacionados con ella tienen la capacidad de aportarnos energía para seguir nuestro camino en armonía, con amor, generosidad y gentileza; animándonos para que exploremos nuestros sentimientos y emociones más profundas, para que encontremos nuestra propia esencia; haciéndonos entender que la vida es una corriente incesante de cambios y que debemos afrontarlos con seguridad, armonía y ánimo estable.

Equilibrios y desequilibrios

Como ya hemos visto, la energía que nos proporciona el elemento agua es conductora, adaptable, móvil y vivificante. Por eso, cuando se encuentra equilibrada, podemos conectar profundamente con nosotros mismos, entendernos, adaptarnos a lo que nos rodea y evolucionar. Y esa capacidad no se circunscribe exclusivamente a nuestra esencia, sino que también genera una empatía que nos ayuda a comprender a los demás. Esto nos ayuda a establecer relaciones más profundas, duraderas y recíprocas, a sentirnos más seguros con nuestro entorno y a brindarle todo el amor, la afectividad, la capacidad de escucha y la protección que precise.

Por el contrario, si la influencia energética del elemento agua es insuficiente o demasiado poderosa, se producen desequilibrios. En el primer caso, es decir, cuando este elemento tiene poca incidencia, disminuye tanto nuestra intuición como nuestra empatía, nos aislamos y la parte emocional se convierte en una carga tan pesada que preferimos esconderla, enterrarla donde no nos moleste. Desgraciadamente, eso hace que se resientan nuestras relaciones personales, ya que no permitimos la comunicación de los sentimientos propios ni la comprensión de los ajenos. En definitiva, se produce una falta de emociones.

Si el desequilibrio es debido a que el elemento agua domina sobre los demás, serán los sentimientos y las emociones los que se conviertan en protagonistas y guíen nuestra vida, volviéndonos excesivamente sensibles y vulnerables al dolor ajeno, inclinándonos a una compasión sin límites y haciendo que nos olvidemos de nosotros mismos para pensar únicamente en las necesidades de los demás. Esta patente hipersensibilidad dificultará nuestra capacidad de adaptación a las circunstancias vitales que nos rodean y nos hará más vulnerables, lo que a la larga resultará muy perjudicial.

Relación con los signos astrológicos

Las cualidades que proporciona el elemento agua, cuya energía se transmite a los poderes mágicos de los animales y desde estos llega a nosotros, resulta especialmente poderosa para todas aquellas personas que hayan nacido bajo el influjo de tres signos zodiacales: Cáncer, Escorpio y Piscis. En general, dado que el elemento agua posee una naturaleza yin, dirigida hacia abajo, hacia nuestro interior, es habitual que quienes pertenezcan a estos signos tengan una cierta predisposición hacia la melancolía o el desánimo, al desbordamiento de las emociones y a anteponer los deseos de los demás a los propios. Esta inestabilidad, que no permite un flujo emocional armonioso y constante, está en el origen de los repentinos cambios de humor que aquejan a los Cáncer, en los arrebatos emocionales que sacuden a los Escorpio y en los trances melancólicos en los que suelen caer los Piscis.

BALLENA
Ayuda solidaria

● ●

Simbología: creatividad emocional, sensibilidad.

Signo del Zodíaco: Piscis (19 febrero – 20 marzo).

Poderes: solidaridad, comunicación.

Trabajar nuestro interior

Todos los poderes mágicos que la ballena nos puede transmitir como animal guía en nuestras vidas están dirigidos al crecimiento interior. Por un lado, nos estimula para despertar la propia creatividad interna, esa que, basada en la intución, hace que pongamos nuestro carácter y nuestro sello personal a todo lo que nos rodea en el mundo exterior; no se trata de que nos perdamos en mundos imaginarios, sino muy al contrario, que seamos muy conscientes de la realidad, pero que la iluminemos y la coloreemos con nuestra propia luz y color interiores. Por otro lado, el segundo aspecto más importante sobre el que que actúa la ballena es sobre el faceta emocional, tanto en lo que se refiere a las emociones que brotan con facilidad como a las que se encuentran más profundamente enterradas en nuestro interior. Ayuda a que gestionemos las primeras, las que se hallan más a flor de piel, con confianza y naturalidad, con sensibilidad y empatía, y a que salgan a la superficie aquellas que se esconden en lo más profundo de nuestra conciencia y que, por falta de reconocimiento, suelen ser las más dañinas para nosotros mismos.

En general, las personas a las que se acerca la ballena para guiarlas a lo largo de su existencia suelen poseer una gran sensibilidad y profundidad de pensamiento, así como una extraordinaria receptividad para percibir con facilidad los sentimientos de quienes las rodean, siempre están deseosas de ayudar y contribuir a que todo el mundo se sienta bien. Si pertenemos a ese grupo de personas, esto

puede llegar a crearnos una presión emocional muy dañina y ahí es donde actúa el poder de la ballena, su sabiduría ancestral, ayudándonos a gestionar ese alud emotivo y a hacer que nos impliquemos al máximo y prestemos toda la colaboración que sea necesaria cuando creamos que somos capaces de encontrar una vía de salida, pero también empujándonos a no hacer propios aquellos problemas o situaciones cuya resolución se halle fuera de nuestro alcance.

Un poder muy especial

La ballena es un animal guía muy poderoso, ya que actúa sobre nuestras emociones y pensamientos, aportándonos sabiduría, claridad y orientación. Nos enseña la importancia de comunicarnos desde el corazón, de conocer nuestra propia verdad interior para así ayudar a los demás, para crear una base sólida sobre la que construir nuestra existencia con aquellos a quienes amamos.

Invocar el poder de la ballena resulta muy beneficioso para aquellos que ejerzan algún trabajo solidario o de ayuda a los demás, y para quienes desarrollen una actividad creativa que requiera de una sensibilidad especial, como la música. En forma de amuleto ayuda a resolver situaciones emocionales complejas, como una depresión, el fallecimiento de un ser cercano, o el autoabandono debido a una ruptura amorosa.

SIMBOLOGÍA

La ballena se relaciona con la creatividad interior y la sensibilidad emocional, según muchas culturas.

Antigua Grecia: era una mensajera de los dioses, que traía la buena suerte y protección para los navegantes.

Cristianismo: Jonás es engullido por una ballena cuando desobedece a Dios y es expulsado cuando acepta su papel de profeta; simboliza la transformación profunda.

Inuit: la ballena es el símbolo del principio de la creación, de todo lo que existe.

Indios americanos: simboliza el despertar de la creatividad interna, pero sin abandonar la existencia real. Además, es la encarnación del principio de todo, de la creación.

Oceanía: es un símbolo del renacer, de la resurrección.

MANTARRAYA
Fertilidad y suerte

Simbología: equilibrio interior, fertilidad.

Signo del Zodíaco: Escorpio (23 octubre – 21 noviembre).

Poderes: autoconfianza, actos meditados.

El instinto como guía

Hablar del poder mágico de la raya, o mantarraya, como animal guía de nuestras vidas es hablar del valor del instinto, de la importancia de dejarse conducir por él para alcanzar aquello que deseamos. Este animal nos estimula para que confiemos en nuestro conocimiento y nuestras habilidades, en nuestras fortalezas y en todos los valores que atesoramos en nuestro interior para hacer frente a lo que se nos presente; debemos confiar en nuestra propia intuición, en nuestros valores ocultos y en nuestra experiencia. Esos serán los mejores consejeros en todos los ámbitos de nuestra vida. Emocionalmente nos ayudarán a movernos con armonía a través de nuestros sentimientos y a mantener el equilibrio interior, adaptándonos a los cambios que se produzcan en nuestro entorno y ayudándonos en las transiciones. También nos mostrarán la importancia de conservar nuestra mente limpia y en armonía, para que de ese modo podamos hacer frente al trabajo y a los nuevos proyectos con una mentalidad positiva enfocada a lograr el éxito, sin dudar de nuestras capacidades. Y en ese camino debemos ser constantes y perseverar, tenazmente, sin permitir las dudas y las vacilaciones, sin dejarnos abstraer por las distracciones. Así, nuestra sensibilidad percibirá claramente la energía que nos rodea y sabremos cómo y cuándo actuar.

Libertad en el ámbito emocional

Cuando en un sueño o en una visualización meditativa observamos que se acerca hasta nosotros uno de estos peces no debemos sentir temor; su presencia es un signo indicativo

La mantarraya lleva aparejado el significado de la fortuna y el equilibrio interior que transmite este animal.

Culturas indígenas sudamericanas: es un animal sagrado con propiedades protectoras.

Japón: es un símbolo de buena suerte y prosperidad.

China: en la medicina tradicional se emplean diversas partes de este animal por las numerosas propiedades curativas que se le atribuyen.

Indonesia: los pescadores creen que el poder de este animal es tan intenso, que se muestra capaz de escapar de la captura; para evitarlo, entonan canciones que supuestamente la inmoviliza.

Polinesia: es un símbolo de libertad y de la capacidad de fluir hacia un determinado objetivo a través de los sueños.

de que vamos muy bien encaminados en el aspecto emocional, que nos hemos liberado de sentimientos antiguos que nos lastraban y que los actuales los conocemos y los mantenemos equilibrados, que somos capaces de fluir a través de ellos con plena libertad.

Este es el mensaje que habitualmente nos trae este animal mágico, pero para lograr una interpretación más exacta, hay que tener en cuenta el aspecto de la mantarraya y las interacciones que se realizan con ella. Por ejemplo, es necesario observar la coloración de la raya, pues si es negra nos indica que experimentamos algunas dificultades para aceptar algún aspecto de nuestra personalidad y la solución será mostrarnos más flexibles, más abiertos para encontrar el modo de encauzar correctamente y con paciencia aquello que nos desagrada. Si su coloración es rojiza, se trata de un aviso: a nuestra vida se acerca una época de sufrimiento y conviene que nos preparemos para minimizarlo. Por el contrario, si el pez está coloreado de muchas tonalidades, su mensaje es más halagüeño, ya que nos anima a tomarnos un respiro en nuestra actividad diaria, pues alguno de los proyectos en los que estamos trabajando va a finalizar con éxito y es el momento de que disfrutemos con alegría de todo el esfuerzo realizado.

FOCA
Sabiduría interior

Simbología: equilibrio mental, análisis interior.

Signo del Zodíaco: Tauro (20 abril – 20 mayo).

Poderes: creatividad, armonía vital.

Profunda conexión

La foca es un magnífico ejemplo de los poderes mágicos que ostentan los animales de agua y que se resumen en la ayuda que proporcionan para establecer una perfecta conexión con nuestra parte espiritual, con nuestro subconsciente, a fin de explorar los sentimientos y las emociones más profundas, y encontrar nuestra propia esencia, nuestra sabiduría y ritmo interiores. A partir de ese vínculo, nos resultará más fácil transformarnos y establecer la armonía como guía de nuestra vida y seguir nuestro camino con amor y generosidad. Además, la foca realiza otro importante aporte, y es que, a esa parte sentimental y emotiva, a ese mundo de estrecha comunicación con los sueños y los anhelos, une un fuerte componente terrenal que da solidez a la mente y proporciona equilibrio y seguridad en la vida.

Una vez establecido ese punto de equilibrio, la foca continúa: nos hace entender que disponemos de la fuerza necesaria para superar las dificultades, para seguir avanzando hacia nuestro objetivo sin desfallecer; aleja cualquier sentimiento negativo, como la preocupación, el miedo o la ansiedad, que nos paralizan, y libera nuestra mente; nos empuja a utilizar la intuición y la imaginación para experimentar, tanto en el mundo exterior como en el interior, y a armonizar esa imaginación con el razonamiento inteligente. En definitiva, nos muestra cómo disfrutar de lo que tenemos y de lo que somos.

La leyenda de las selkies

El poder mágico que ostentan las focas ya era conocido desde muy antiguo, especialmente en la mitología celta y la nórdica. En las islas del norte de Escocia existía la creencia de

que este animal podía desprenderse de su piel y adoptar forma humana, generalmente una mujer. Estos seres mitológicos eran amables criaturas. de una belleza incomparable, eran selkies, cuya traducción es «gentes de la foca».

La transformación solía producirse en las noches de luna llena cuando las selkies se acercaban a la costa, mudaban la piel de foca y la escondían entre las rocas para recuperarla y regresar a su condición inicial cuando lo desearan. Era muy importante que la ocultaran bien, porque si alguien la hallaba y la robaba, no podrían regresar al mar y se verían obligadas a obedecer ciegamente a su poseedor. Pero salvo esa precaución, las selkies, bajo su nueva apariencia, podían relacionarse con la gente, acudir a fiestas e, incluso, enamorarse. Con todos esos ingredientes, es fácil imaginar que se tejieron innumerables historias, generalmente tragedias románticas, en las que algún hombre enamorado se hacía con la piel y conservaba a la selkie junto a él durante toda la vida, aunque ella languidecía de melancolía.

La narrativa varía notablemente cuando se trata de un selkie hombre. En ese caso, es una mujer real, solitaria o insatisfecha con su vida, quien solicita su presencia y se acerca a la costa durante la marea alta a derramar siete lágrimas.

El selkie acudirá hasta ella y disfrutarán de un encuentro romántico que solo durará el tiempo que la luna permanezca colgada en el firmamento.

SIMBOLOGÍA

Gracias a la foca establecemos una conexión con nuestro mundo interior. Por ejemplo, en la mitología celta era considerada un animal mágico, símbolo de creatividad, imaginación y sueños lúcidos.

Soñar con focas: generalmente simboliza que estamos explorando nuestros sentimientos y emociones, que estamos disfrutando de una etapa creativa y con buenas perspectivas.

Soñar con focas blancas o bebés: nos anima a no apresurarnos en lograr nuestros objetivos, ya sean en el plano laboral o sentimental.

Soñar con focas negras: el mensaje es un aviso de que se acercan malos tiempos, quizá de soledad o tristeza, en los que tendremos que hacer acopio de toda nuestra fuerza interior para salir a flote.

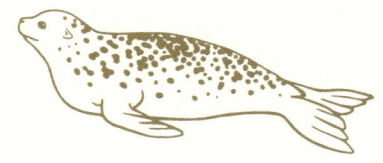

COCODRILO
Fuerza y valor

• •

Simbología: emociones profundas, instintos primarios.

Signo del Zodíaco: Leo (23 julio – 22 agosto).

Poderes: astucia, velocidad de acción.

Conexión con la naturaleza

De todos los animales que actualmente pueblan la Tierra, el cocodrilo es uno de los que tienen un origen más antiguo (alrededor de 55 millones de años) y, desde entonces, apenas ha variado. Aunque este dato pueda parecer que está relacionado únicamente con la biología, no es así, ya que gran parte de los poderes energéticos y mágicos que ostenta este animal derivan de ese origen tan primitivo. A él se debe la fuerte conexión con la sabiduría primigenia y con el mundo natural que nos transmite cuando se acerca hasta nosotros como guía existencial, o la forma en que nos dirige para que establezcamos un vínculo más profundo con nuestra parte emocional. Y es que, entre los muchos simbolismos y poderes que ostenta este animal, quizá esos dos aspectos sean los fundamentales. Cuando el cocodrilo se acerca hasta nosotros, hace que conectemos con nuestros instintos más primarios, tanto con los miedos y los temores ancestrales, como con la valentía y la resistencia. Esos atributos se refuerzan con una gran astucia y velocidad de acción, un refinado instinto natural para percibir lo que sucede alrededor y en nuestro propio interior, y una autoconfianza y sentido de protección muy desarrollados. Todas esas características unidas también nos permiten explorar nuestros sentimientos y emociones más profundas, intentando que fluyan en armonía, y si no es así, proporcionándonos la fuerza y el tesón necesarios para sacarlos a la superficie, limpiarlos y buscar la curación que precisen.

Los inspiradores mensajes del cocodrilo

La ayuda del cocodrilo, igual que la del resto de los animales mágicos, puede llegarnos de manera involuntaria, sin necesidad de que emprendamos ninguna acción, pues será el propio animal el que nos acoja bajo su tutela, o también es posible que, en determinados momentos, lo invoquemos nosotros mismos a través de visiones meditativas u oníricas para buscar su consejo. Poner en marcha ese acto de llamada voluntaria será preciso cuando sintamos que hemos perdido la armonía, ya sea en el plano emocional o en el físico, para seguir avanzando en nuestra vida, cuando sintamos que el estrés nos domina y tengamos la seguridad de no ser capaces de volver a conectar con nuestro yo interior por nuestros propios medios y precisemos de alguna ayuda externa.

En esos casos, debemos formarnos la imagen mental del animal y realizar nuestro llamamiento con pleno convencimiento de que nos escuchará. Lo más probable es que su auxilio no se materialice de forma inmediata, sino que debamos esperar a estar dormidos para que él, a través de los sueños, nos deje ese mensaje personal que nos servirá de orientación para conocer aquello que nos está inquietando y hallar una solución.

SIMBOLOGÍA

El cocodrilo está relacionado con los procesos de creación y la introspección del ser humano y forma parte de muchos mitos.

Antiguo Egipto: era un animal sagrado que representaba al dios Sobek, una deidad benéfica, cuyo sudor había dado origen al Nilo.

Culturas africanas: este animal era una figura divina que representaba tanto el poder como el peligro, el equilibrio entre la vida y la muerte.

Culturas americanas prehispánicas: el cocodrilo se vinculaba con la fertilidad, la lluvia y el rayo.

Tribus indígenas americanas: este animal estaba vinculado a los mitos de la creación, y dio a luz al Sol y a la Tierra.

Cultura aborigen australiana: una leyenda cuenta que una mujer muy quejosa se convirtió en cocodrilo para defenderse de un hombre que deseaba controlarla y hacerla callar.

CANGREJO

Amor y armonía

Simbología: amor, protección exterior.

Signo del Zodíaco: Cáncer (21 junio – 22 julio).

Poderes: armonía, supervivencia.

Una guía hacia la felicidad

Entre los muchos poderes mágicos que nos puede transmitir el cangrejo, quizá el más deseado, el que todos perseguimos con mayor ahínco es la búsqueda de la felicidad, ese sentimiento de profunda satisfacción física y espiritual, esa dicha que suele resultar efímera pero extraordinariamente gratificante. Pues bien, el cangrejo es un animal guía que emana felicidad, que nos muestra el camino para movernos por la vida con armonía, siempre manteniendo un ritmo perfecto y natural, recordándonos que nuestra existencia transcurre en un ciclo marcado por el universo y así debemos aceptarlo. De esa aceptación consciente surge el germen de la felicidad. Debemos estar preparados para asumir que en ese recorrido por nuestro viaje vital, unas veces avanzaremos, otras retrocederemos y, en ocasiones, deberemos desplazarnos en zigzag, porque no siempre la consecución de nuestros objetivos se logra por una vía directa o conocida, sino que a veces es necesario recorrer una senda alternativa, menos tradicional, en la que encontraremos una resistencia menor. Pero ya sea por uno u otro sendero, el cangrejo nos enseña que debemos movernos con fuerza y determinación, sin perder de vista la meta que nos hemos marcado, y protegiendo y defendiendo todo aquello que nos importa, ya sean nuestras propias convicciones, las posesiones de cualquier índole o a las personas que queremos.

Fuerte y, al mismo tiempo, vulnerable

Vivir de la manera que nos muestra el cangrejo, aceptando la diversidad y el carácter cíclico de la existencia, no siempre resulta sencillo, pero él nos otorgará la protección que necesitamos para lograr el éxito. Su sabiduría nos preparará para confiar en

La protección y felicidad que nos puede otorgar el cangrejo viene desde tiempos remotos.

Simbología chamánica: se le consideraba un animal asociado con la Luna.

Mitología griega: el cangrejo representaba la sensibilidad y la protección emocional.

Cristianismo: simboliza la Resurrección de Jesucristo.

Culturas nativas americanas: simboliza la protección, la adaptabilidad y la introspección.

China: es la representación de la prosperidad y el éxito, de la longevidad, el amor y la ternura.

Feng shui: el cangrejo es un amuleto de suerte, fuerza y vigor, capacidad estratégica y pensamiento ágil.

nuestros propios sentimientos, en nuestras emociones, preservándolas cuidadosamente del mundo exterior como si estuvieran encerradas dentro de un caparazón duro parecido al de este animal, para que así se mantengan intactas y nadie pueda dañarlas, pero al mismo tiempo sin renunciar a ellas; es decir, sin permitir que toda nuestra ternura, nuestra vulnerabilidad y nuestra capacidad de amar desaparezcan. Ese «escudo» nos protegerá de adversidades y peligros para asegurar que podamos seguir adelante con confianza.

Un mundo de sueños

Invocar la presencia del cangrejo como guía resulta muy adecuado para todas aquellas personas que deseen vivir en armonía, asegurar una relación de pareja llena de amor o sobrevivir a ceterminadas circunstancias. Pero, en ocasiones, no es necesario invocarlo, ya que es el propio animal el que se muestra ante nosotros, ya sea en una visión onírica durante la meditación o en un sueño. En estos casos, por ejemplo, si el cangrejo que vemos es de gran tamaño, nos está aconsejando que mostremos más confianza en nuestras capacidades para solventar cualquier dificultad que nos esté causando ansiedad. Si el cangrejo nos muerde, es un aviso de que se acerca un periodo de conflictos de pareja y deberemos actuar con calma y equilibrio para buscar la solución más conveniente.

NUTRIA
Plenitud espiritual

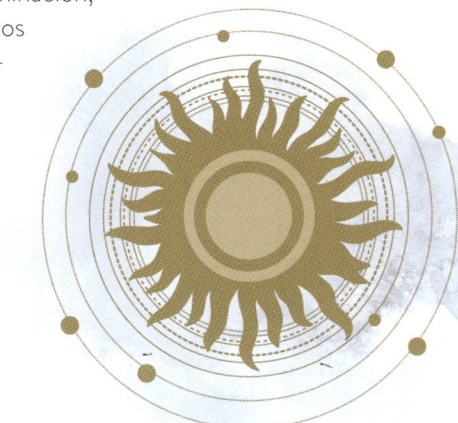

Simbología: conexión espiritual, sabiduría, alegría.

Signo del Zodíaco: Acuario (20 enero – 18 febrero).

Poderes: transformación interior.

Explorar nuestro interior

El poder mágico de la nutria es un regalo del universo, una invitación a que exploremos los rincones más oscuros de nuestra personalidad y a que descubramos la luz que brilla en nuestro interior. Y es que esta criatura acuática nos empuja a conectar con nuestra parte espiritual y nos anima a que nos sumerjamos en ella para que, a través de la introspección, busquemos su esencia más profunda, descubramos lo que se oculta en esas profundidades del subconsciente y lo hagamos emerger con destreza, llevando a cabo una viaje de iluminación hacia una transformación interior plena y satisfactoria. Liberarnos de las cargas del pasado y de todo aquello que, por permanecer oculto, nos daña, nos abre a nuevas posibilidades de desarrollo y expansión, a resurgir con el alma renovada.

El espíritu alegre y juguetón de este animal, unido a su sabiduría ancestral, nos inspira para que fluyamos armoniosamente a través de la existencia, permitiendo que nos mantengamos en sintonía con el cosmos, recordándonos que formamos parte de algo más grande y poderoso. Esa manera de fluir, constante y con determinación, nos permitirá conocer el propósito de nuestra vida y nos enseñará a adaptarnos a los cambios, a ser más flexibles y a que no nos asusten, pues confiando en nuestra intuición y siguiendo el camino que nos marca nuestra verdadera esencia, encontraremos la energía necesaria para superar los obstáculos. La nutria nos recuerda que el cambio es inevitable, pero que también puede ser una fuente de crecimiento y renovación, y ahí extraeremos la alegría que debe acompañar a cualquier proceso de perfeccionamiento personal.

Conectar con la energía del agua

La nutria, como animal acuático que es, nos ayuda a conectar con la energía del agua, que es símbolo de purificación y renovación espiritual. Y también con esa parte energética femenina más primaria que todos llevamos dentro, independiente de nuestro sexo, y que se relaciona con la fertilidad y las emociones. Desde esa perspectiva, la nutria nos enseña a crear un espacio equilibrado en el que podamos interactuar con nuestros semejantes, sin prejuicios ni cautelas innecesarias, sino con honestidad, espíritu de colaboración y alegría. Todo esto lo entienden muy bien las personas nacidas bajo un signo astrológico de agua, como pueden ser Cáncer, Escorpio y Piscis, que se caracterizan por su profunda sensibilidad emocional y su capacidad para navegar por las corrientes del inconsciente colectivo.

Conviene que invoquemos el poder y la magia de la nutria cuando precisemos equilibrar nuestras emociones y serenarlas, dejando que emerja nuestra parte más dulce y emotiva, la más alegre y vivaz; o también cuando nos sintamos demasiado apegados a los bienes materiales y el foco principal de nuestra existencia sea acumularlos, sin otro objetivo que nos lleve más allá. En definitiva, deberemos acudir al espíritu de la nutria siempre que deseemos un faro luminoso que guíe nuestra vida.

La nutria destaca por ofrecernos conexión espiritual, transformación y alegría.

Culturas indígenas americanas: es un símbolo de prudencia y alegría; se asocia a la nutria con la energía femenina.

Tradición sioux lakota: la nutria, junto al castor y el colimbo, participa como protagonista en las leyendas sobre la creación del mundo.

Cultura celta: un símbolo del juego y la alegría.

Tradición chamánica: es uno de los más poderosos mensajeros de las divinidades.

Soñar con nutrias: varias juntas indican buena suerte y fortuna; si están cooperando en el trabajo, hay que estar atento a los sentimientos de quienes nos rodean; y si juegan en compañía, avisan de que hay que descansar.

HIPOPÓTAMO
Liderazgo y protección

Simbología: coraje, fortaleza interior.

Signo del Zodíaco: Capricornio (22 diciembre – 19 enero).

Poderes: protección, capacidad de liderazgo.

Poderosa simbología

Puede sorprender que en este apartado de animales mágicos de agua incluyamos al hipopótamo, que parece alejado de un ser vivo acuático, pero este mamífero pasa la mayor parte del día sumergido en el agua y, por lo tanto, sus poderes están animados por las cualidades de ese líquido elemento. La energía que nos transmite va dirigida hacia nuestra renovación interior, preferentemente a todo lo que se refiere al mundo de los sentimientos. Es un animal fuerte y valeroso, dominante, que no se arredra ante nada, y que protege y lidera a su grupo con ímpetu incansable y tenacidad. Debido a estas características naturales, suele convertirse en guía espiritual de las personas que también ostentan esas peculiaridades en su carácter, personas con mucho temperamento y capacidad de liderazgo, que suelen ser muy protectoras con su grupo familiar o de amigos. A ellas, el hipopótamo les ayuda a templar sus emociones, a gobernarlas con equilibrio, refrenando los impulsos más negativos, como son los accesos de ira, la rabia y el mal genio, y moderando sus tendencias sobreprotectoras, que pueden llegar a agobiar y entorpecer el desarrollo de quienes les rodean y a despertar en ellos sentimientos de agobio o de dependencia. Tal como el agua es el vehículo que permite el flujo armonioso de nuestra energía vital, así este animal logra que aprendamos a manejar nuestro mundo interior para que discurra con armonía, sin miedos ni emociones desbordadas.

Por otra parte, los poderes mágicos del hipopótamo también ayudan a desarrollar la intuición, que se convierte en la base para todas sus actuaciones, así como una habilidad innata para descubrir lo que hay de verdad bajo las apariencias exteriores, a respetar esa verdad y a ha-

Poder, fuerza, valor y protección son las cualidades asociadas al hipopótamo.

Antiguo Egipto: el hipopótamo macho simbolizaba al dios Seth y sus atributos más malignos, mientras que el hipopótamo hembra era la representación de la diosa Taweret, protectora de la fertilidad, las embarazadas y los recién nacidos.

Grecia antigua: allí le pusieron su nombre, pues hipopótamo significa «caballo de río»; era considerado una bestia peligrosa y se creía que era de color rojo, como símbolo sagrado de los dioses.

Imperio romano: se le consideraba fuerte y valeroso, digno de enfrentarse a los gladiadores.

Cultura zulú: este animal es el espíritu guía de los guerreros, simboliza la fuerza y el valor, por encima del león.

Sudáfrica: este animal es un símbolo de masculinidad y fuerza.

cer que todos la respeten. Y otra de sus fortalezas es la creatividad, estimulada sin duda por ese mundo emocional que subyace en su personalidad.

Personificación de deidades

La mayor parte de la simbología mágica que ostenta el hipopótamo proviene de la cultura del antiguo Egipto, donde ese animal era una presencia constante en las inmediaciones del Nilo. Su fiereza y los frecuentes y sangrientos ataques que protagonizaba en el río le hicieron ganar el dudoso honor de representar todos los atributos negativos y malignos del dios Seth, que era el señor del caos, de las sequías y de los terribles peligros del desierto. Es por eso que numerosas pinturas y relieves muestran a los faraones destruyendo a esos animales, considerados los enemigos del imperio. Pero, curiosamente, esta simbología solo se refería al hipopótamo macho.

El significado del hipopótamo hembra era todo lo contrario del anterior y solo encarnaba aspectos positivos. El animal era la representación de Taweret, o Tueris, la diosa de la fertilidad y los partos, protectora de las embarazadas y los recién nacidos. Su imagen era singular, pues se mostraba como una mujer gestante, con el vientre abultado, grandes pechos, cabeza de hipopótamo, cola de cocodrilo y patas de león.

OTROS ANIMALES MÁGICOS DEL AIRE

La influencia mágica de los animales relacionados con el elemento aire nos trae una importante lección de vida: la de movernos con libertad plena, deshaciéndonos de apegos innecesarios, fluyendo libremente en cualquier dirección según nos marque nuestra propia esencia, sin un rumbo previamente establecido e inamovible, sin unos límites estrictos entre lo que es pensamiento y lo que es acción. Sus poderes nos instruyen para que seamos capaces de contemplar todas las cosas que nos rodean, las personas que nos acompañan e, incluso, nuestro propio yo interior, desde una perspectiva más elevada, como si mirásemos la existencia desde las alturas, desde ese mismo cielo que estos animales surcan con el incesante movimiento de batido de sus alas.

La extraordinaria energía de algunos de estos seres mágicos alados ya la hemos conocido en páginas anteriores de este libro, por ejemplo, la de la majestuosa águila o la del siempre misterioso búho, pero en este capítulo vamos comprobar que el poder y la magia también se puede hallar hasta en el más humilde de estos seres cuyo elemento natural es el aire, como puede ser el caso de un gorrión. ¡Entremos en este universo etéreo!

Conceptos como libertad, desapego, perspectiva, sutileza, fluidez, liviandad, deseos de cambio, curiosidad intelectual o necesidad de relacionarse, son algunos de los que mejor definen al elemento aire. Pero hay otro más y es el de «creación», pues muchas de las narraciones místicas que pretenden explicar el origen del universo, de los dioses y de todos los seres vivos, coinciden en que es el elemento aire el que se encuentra en el comienzo de todo.

Las cualidades del elemento aire

El aire es el elemento que mejor expresa el concepto de libertad, pero una libertad entendida como la capacidad de obrar con equilibrio y sabiduría, con una visión superior basada en el pensamiento, en el autoconocimiento de nuestra propia esencia, y es a partir de esa reflexión profunda desde donde podremos llevar a cabo cualquier acción. Toda actividad mental, que después se materializará en un hecho, se habrá sustentado sobre un elemento tan delicado e invisible como es el aire. Pero a través de este vehículo no solo viajan las ideas hasta el plano real, también lo hacen el conocimiento y la memoria, los sueños, la imaginación y los pensamientos que brotan en los estados meditativos.

El aire también es un factor de equilibrio y armonía, que hace que nos sintamos en paz. Cuando respiramos de una forma consciente, sintiendo cómo ese fluido entra y sale de nuestro organismo, mejoran las funciones vitales y se reduce el estrés, de modo que contemplamos todas las situaciones con mayor claridad y conocimiento. Además, el aire también es creatividad, ya que a través de él llegan hasta nosotros los sonidos, las palabras y los aromas, un universo de sensaciones que nos conmueven, despiertan nuestras emociones y nos inspiran. Por eso es el elemento predominante en los artistas, los poetas o los músicos.

Todo esto queda reflejado en las influencias que los animales del aire ejercen sobre nosotros. Al empujarnos hacia un mejor conocimiento y aceptación de nuestra propia esencia, nos vuelve más compasivos, empáticos y generosos, y esos sentimientos fluyen hacia quienes nos rodean. También mejora nuestro sentido de la justicia, pues comprendemos nuestra identidad con perspectiva para entender la de los demás y adoptar una actitud neutral. Por último, los animales de ese elemento nos ayudan a entender que todo en esta vida tiene un carácter efímero, pasajero. Que aferrarnos a bienes materiales o a personas no va a mejorar nuestra existencia, pues la dependencia nunca nos ofrecerá ni seguridad ni felicidad.

Equilibrios y desequilibrios

La energía que nos proporciona el aire prioriza la mente y la razón como bases para un mejor conocimiento del propio yo, concediendo también gran importancia a los procesos de comunicación y socialización. Por eso, cuando esa energía se encuentra equilibrada, nos mostramos optimistas, exploramos valientemente el autoconocimiento y no sentimos miedo ante los cambios o transformaciones. Nos gusta investigar, y formar parte de grupos sociales, aunque siempre manteniendo un pequeño espacio propio y aislado.

Al igual que el aire puede presentarse como brisa o como huracán, si su influencia es poderosa nos desequilibra haciendo que perdamos intuición y nos alejamos de los demás, resistiendo la comunicación y socialización.

Relación con los signos astrológicos

Las cualidades que proporciona el elemento aire, resulta especialmente poderosa para las personas que hayan nacido bajo el influjo de Géminis, Libra y Acuario. En general, el aire estimula su capacidad de razonamiento, el intercambio de información, el debate y el análisis pormenorizado de todas las cuestiones, pero hace que pierdan profundidad las emociones y la sensibilidad. Suelen ser personas resolutivas, con buena capacidad para gestionar y planificar cualquier asunto y a las que les gusta llevar una vida social dinámica. La combinación de todas estas características hace que otorguen mucha importancia al conocimiento y a la parte intelectual y les resulte difícil mostrar su yo interior.

En el caso de Géminis, las capacidades mejor desarrolladas son comunicación, desarrollo e intercambio, pero con un carácter voluble y contradictorio. Libra es equilibrado, pero puede ser testarudo y Acuario se siente atraído por la invención e innovación, pero es demasiado sensible.

GAVIOTA
Una visión elevada

Simbología: libertad espiritual, adaptabilidad.

Signo del Zodíaco: Escorpio (23 octubre – 21 noviembre).

Poderes: perspectiva, búsqueda de oportunidades.

Mensajera del espíritu

Son tantas las lecciones que nos trae la gaviota como guía espiritual de nuestras vidas que sería imposible describirlas todas, por eso nos vamos a centrar en las cuatro principales que, en cierta medida, engloban a todas:

✦ La primera es la libertad y la independencia, que nos permiten abrazar nuestra propia naturaleza y liberarnos de ataduraduras restrictivas.

✦ La segunda es una lección de adaptabilidad e ingenio a través de una «mirada diferente», es decir, contemplando todas las cosas con una perspectiva distinta, más amplia y elevada; esto facilitará que fluyamos más armoniosamente por los desafíos que nos presente el día a día y que podamos encontrar soluciones más creativas a nuestros problemas, de modo que nos sea posible continuar avanzando.

✦ La tercera lección nos aconseja que conectemos con nuestra propia intuición, que confiemos en nuestros instintos y sabiduría interior; ambos nos mostrarán que en la vida todo tiene un propósito, pero que debemos revisarlos de vez en cuando para liberarnos de todo aquello que ya no nos sirva, que constituya un lastre. También nos mostrarán oportunidades que no habíamos considerado, pero que están ahí para nosotros, confiemos en nuestras intuiciones.

✦ La cuarta y última lección está vinculada con la principal cualidad que ostentan los animales del agua, ya que en la gaviota se unen los dos elementos, aire y agua; es una enseñanza que nos empuja a la exploración emocional, a sumergirnos sin miedo en ese mundo de las emociones y los sentimientos para lograr un equilibrio y una paz interior que tendrán su reflejo en nuestro exterior.

Además de estas cuatro importantes lecciones, la gaviota también nos muestra los beneficios de vivir y trabajar en comunidad, buscando el apoyo y la protección que proporciona la unidad de grupo.

Una mentora que da buenos consejos

En general, las personas que tienen a la gaviota como guía en sus vidas poseen una gran seguridad en sí mismas, son inteligentes, dotadas de ingenio, atrevidas, persistentes, creativas y saben sacar provecho a las situaciones más insólitas. Les gusta vivir en sociedad y suelen mantener una actitud respetuosa hacia los demás, aunque no siempre saben ganarse ese respeto para sí mismas. Por eso, visualizar una gaviota durante las percepciones meditativas suele significar que nos sentimos bien y satisfechos con nosotros mismos y con la forma en que se está desarrollando nuestra vida.

Cuando la visualización se produce durante un sueño, hay que tener en cuenta el contexto para entender el mensaje que nos trae. Por ejemplo, si la vemos volando en actitud tranquila y relajada, nos indica que estamos transitando por nuestra vida con armonía y tomando la necesaria perspectiva de las cosas, de modo que podremos hallar la mejor solución a los problemas que se presenten. Por el contrario, si el ave lleva algo en el pico, el mensaje no es tan positivo, pues nos avisa de que estamos desperdiciando el gran potencial que tenemos. Como vemos, siempre hay que estar atento a las señales.

LIBÉLULA
Cambio y transformación

Simbología: prosperidad, buena suerte, belleza.

Signo del Zodíaco: Géminis (21 mayo – 20 junio).

Poderes: cambios inminentes, paz espiritual.

Una energía muy positiva

Cambio, transformación y nuevos comienzos, esos son los tres aspectos más relevantes en los que muestran su acción los poderes mágicos de la libélula. Este animal nos invita a sumergirnos en nuestro subconsciente y trasladar los pensamientos que allí están alojados hasta nuestro universo consciente, para reconocerlos, procesarlos y resolverlos, para reconvertirlos en acciones poderosas que nos permitan ser capaces de cambiar, de transformarnos y seguir creciendo y evolucionando. La libélula nos empuja hacia un nuevo comienzo, a un renacimiento, siempre desde un estado mental de esperanza encaminado a que nos desarrollemos en plenitud. Esa misma acción se traslada también a los pensamientos que surgen durante nuestros estados meditativos y de relajación, a nuestros «sueños» subconscientes, de modo que puedan hacerse realidad. Todo ello nos acaba aportando armonía y paz interior, equilibrio emocional y madurez, y crea a nuestro alrededor un ambiente de tolerancia, agradable y tranquilo.

Asimismo, la libélula también nos traslada un mensaje de adaptabilidad y de libertad de acción, recordándonos que en nuestro interior podemos encontrar las fuerzas que necesitamos para superar los obstáculos que se nos presenten; para ello, debemos ser capaces de perseverar y, sobre todo, de contemplar nuestra existencia desde una perspectiva positiva, pero sin engaños ni falsas ilusiones, procurando hallar la verdad en todo y, siendo conscientes de ella, enfocarla desde el optimismo.

Buenos presagios

Cuando la libélula se acerca hasta nosotros es para transmitirnos que estamos pasando por un momento muy positivo, que nos encontramos en el lugar correcto e inmersos en una etapa plena de fortaleza para afrontar cualquier desafío. El acercamiento de la libélula también se puede producir durante el sueño y entonces, para conocer su mensaje debemos analizar cómo nos sentimos anímicamente en ese momento, pues su aviso puede variar; si nos hallamos alegres y serenos, la libélula nos confirmará que debemos seguir manteniendo esa actitud. Si, por el contrario, nuestro estado emocional es de ansiedad o miedo, la libélula nos avisa de la conveniencia de dejar aflorar nuestros sentimientos y emociones para revisarlos y resolverlos eficazmente, para realizar un cambio que nos permita recuperar nuestro equilibrio y nuestra paz interior.

En este universo de lo onírico, también es importante observar cómo interacciona el animal con nosotros. Así, en caso de que soñemos que la libélula nos ataca, será un claro aviso de que aún no hemos logrado superar el daño que nos causó alguna situación o una persona del pasado. Si en el sueño la libélula se posa en nuestra nariz, generalmente significa que nos sentimos molestos porque nos han involucrado involuntariamente en un asunto problemático del que seguramente no saldremos con bien.

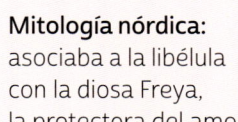

SIMBOLOGÍA

La belleza,
el amor
y la felicidad
que emana
de la libélula atrae
mitologías diversas.

Mitología nórdica: asociaba a la libélula con la diosa Freya, la protectora del amor.

Tradiciones europeas: dice la leyenda que la libélula es un animal que castiga a los mentirosos cosiéndoles la boca mientras duermen.

Culturas nativas americanas: la libélula representa el alma de quien ya ha trascendido al mundo de lo no físico.

India: se asocia con la visión superior y la intuición.

China: está considerado un animal sagrado y el presagio de que habrá una abundante cosecha de arroz.

Japón: es símbolo de felicidad, éxito, victoria, fortaleza y coraje.

Feng shui: es un animal que representa la energía positiva y proporciona buena suerte en el trabajo y los negocios.

PALOMA
Ascensión y purificación

Simbología: purificación, maternidad, amor

Signo del Zodíaco: Libra (23 septiembre – 22 octubre).

Poderes: ascenso espiritual, conexión divina.

Símbolo universal

Los poderes mágicos de la paloma como guía en nuestras vidas nos empujan a volar en libertad y dirigirnos hacia la espiritualidad, a apartarnos un poco del mundo material y las preocupaciones y problemas diarios para prestar mayor atención y cuidar con esmero nuestro universo interior, a analizarlo en profundidad y a confiar en que si obramos correctamente siguiendo el camino que nos marca, aunque eso nos suponga realizar algunos sacrificios, lograremos continuar con nuestro progreso personal, purificándonos por dentro, ascendiendo en nuestro nivel espiritual, encontrando la paz y la armonía interior. Además, la paloma es un símbolo de conexión con la divinidad, que nos atenderá y protegerá, y a través de ella nos enviará sus mensajes de consuelo y apoyo en los momentos difíciles, recordándonos también que nos acogerá cuando hayamos completado nuestra tarea en este mundo. Nos recuerda que, cuando la vida física haya terminado, nuestro espíritu, nuestra alma permanecerá.

Continuando con los mensajes simbólicos de la paloma, no debemos olvidar otro de los más extendidos, como representación y enseña de la paz. Desde la historia bíblica del arca de Noé, cuando la paloma llegó portando una rama de olivo en el pico, anunciando así que había finalizado el diluvio y la paz se había vuelto a instalar en la Tierra, este animal se ha convertido en la figura por excelencia de la armonía y la concordia, de la no violencia y la reconciliación. Y, por último, tampoco hay que dejar de mencionar su estrecha relación con el amor

de pareja y con la maternidad, que abarca ese otro amor, desinteresado y abnegado, que es capaz de cualquier sacrificio en favor de su prole.

El acompañamiento de la paloma

Este animal suele acercarse y servir de guía a las personas que no muestran mucho apego a las cosas materiales, sino que, por el contrario, necesitan que su día a día esté regido por la paz interior, una sensación de calma y armonía que transmitirán, a través de sus acciones, a quienes les rodean. Suelen ser personas generosas, calmadas y serenas, a veces un poco inocentes, comprometidas en todos los niveles, y muy fieles, excelentes progenitores, que aportan sabiduría y comprensión. Si queremos que esos sean los criterios que rijan nuestra vida, debemos conectar con el poder de la paloma y él nos ayudará a sintonizar con nuestra intuición y a recibir orientación para lograrlo.

Cuando en nuestras visiones meditativas o en los sueños aparece este animal, suele ser un recordatorio para que apartemos por un tiempo nuestras preocupaciones diarias y nos centremos en nuestro yo interior. O también es habitual que sea la portadora de un mensaje que nos quiere hacer llegar algún ser querido que ya no está con nosotros y que nos servirá de guía o de consuelo en algún momento complicado de nuestra vida.

SIMBOLOGÍA

El marcado simbolismo de espiritualidad, paz y amor de la paloma se extiende en muchas culturas.

Mitologías celtas y eslavas: en ellas, este animal es símbolo de la liberación de las almas que ya han cumplido su destino en la Tierra.

Mitología griega: una paloma solía acompañar a Afrodita, la diosa del amor, para llevar sus mensajes.

Antigua Babilonia: era la acompañante de la diosa Isthar, la del amor y la guerra, de la vida y la fertilidad.

Japón: la paloma era un símbolo sagrado que acompañaba a Hachimán, el dios de la guerra, pero también el protector de la vida.

Cristianismo: la paloma simboliza la pureza, la paz y la devoción; es la representación del Espíritu Santo y de la Virgen María.

COLIBRÍ
Mensajero de los pensamientos

Simbología: energía vital, renacimiento.

Signo del Zodíaco: Acuario (20 enero – 18 febrero).

Poderes: alegría, amor, gran energía.

Las mil facetas del colibrí

Cuando pensamos en animales con poderes mágicos, lo más habitual es que en nuestra mente se forme la imagen de alguno poderoso, como el león, o con un halo de misterio, como el lobo, o también con tradición en el mundo del ocultismo, como el gato. Muy pocos de nosotros pensaríamos en una de las aves más pequeñas, pero también más hermosas, que existen en el mundo. Hablamos del colibrí, un minúsculo pájaro de apenas 4 gramos de peso, que puede volar hacia delante y hacia atrás, hacia arriba y hacia abajo, a una velocidad sorprendente (hasta 95 km/h) y con la fortaleza necesaria para recorrer distancias de hasta 6000 km en sus migraciones. Un animal tan extraordinario solo puede causarnos admiración y ese sentimiento aumenta cuando conocemos las múltiples cualidades que posee y nos puede aportar al convertirse en nuestro guía vital.

Lo primero que nos proporciona es vitalidad, alegría y una energía extraordinaria, que llenarán nuestra vida de amor y nos sostendrán en los momentos más complicados y problemáticos. También nos enseñará a poner pasión en todos los proyectos que emprendamos, a cuidar los detalles y a no desfallecer en el camino. La energía del colibrí será portadora de buenos presagios y de optimismo, enseñándonos que debemos confiar y perseverar para lograr aquello que deseamos, y adaptarnos sin miedo a las nuevas circunstancias cuando sea preciso, aunque nos sintamos un poco indefensos; haciendo uso de nuestra inteligencia, podremos solventar esas situaciones y salir airosos. No menos importante es el poder de actuación de este animal como mensajero, tanto de los deseos positivos que queremos trasladar a los demás, como de los que nos envían los seres queridos que ya no están con nosotros, pero que nos siguen protegiendo y ayudando desde su otro universo. En resumen, las enseñanzas del colibrí nos explican que lo importante no es la duración de nuestra vida, sino la calidad y la intensidad con la que vivamos cada día.

Conectar con la energía del colibrí

Una de las fórmulas más eficaces para conectar con la energía del colibrí o para recibir sus mensajes es a través del poder inspirador de las visiones meditativas y de los sueños. En general, su presencia onírica siempre nos trae un mensaje positivo y optimista, un augurio de amor, armonía y abundancia, de ánimo para que despleguemos todo nuestro potencial al máximo. Estos avisos generales deben matizarse atendiendo a la actitud o al colorido que presente el ave. Por ejemplo, si su plumaje es predominantemente azul, nos asegura que nuestro equilibrio emocional y mental se halla en perfecto estado y debemos perseverar en él; si la tonalidad tiende más al rojo, es señal de que debemos enfocar nuestra vitalidad y pasión hacia el amor; si el color es rosa, nos avisa de que es el momento de disfrutar de lo que nos rodea, aunque no necesariamente en el terreno amoroso; por último, si el plumaje es verde, nos habla de desarrollo y crecimiento personal.

SIMBOLOGÍA

La alegría y vitalidad del colibrí lo convirtieron en mensajero divino en muchas sociedades.

Aztecas y mexicas: el colibrí era el símbolo del dios de la guerra Huitzilopochtli; admiraban a este animal porque, a pesar de su pequeño tamaño, era aguerrido y valiente, y mostraba una gran fuerza y energía.

Mayas: en la creación del mundo, los dioses encargaron una misión a cada animal, planta y piedra, pero olvidaron asignar el de su propio mensajero; como ya no les quedaba ni barro ni maíz para crear más seres, tomaron una piedra de jade, la tallaron con forma de flecha y le insuflaron su aliento, haciendo que cobrase vida y... se convirtió en un pequeño y hermoso colibrí que, desde entonces, lleva los mandatos de los dioses hasta los hombres y traslada los pensamientos de estos hasta las deidades.

GRULLA
Protectora de los jóvenes

Simbología: protección, elevación espiritual.
Signo del Zodíaco: Aries (21 marzo – 19 abril).
Poderes: inteligencia, sabiduría.

El poder del autoconocimiento

De todos los animales del aire, quizá sea la grulla el que ostenta una mayor carga espiritual. Todos los poderes que nos otorga están enfocados hacia ese aspecto de nuestras vidas. Ella nos transporta hasta los estados más elevados de la conciencia y nos pone en comunicación con las energías superiores para que logremos alcanzar el autoconocimiento, que es la forma más perfecta del entendimiento. También nos ayuda a que consigamos autodisciplina interior, potencia nuestra inteligencia y sabiduría, y nos vuelve más solidarios, leales y sensibles hacia todo lo que nos rodea. Estas capacidades, especialmente la lealtad y la sensibilidad, también se extenderán al ámbito de las relaciones amorosas, que se encontrarán gobernadas por ellas y por la fidelidad, asegurando una conexión duradera y dichosa.

Todas estos poderes que nos aporta la grulla facilitarán una vida más plena y feliz, pues además este animal trae con él un simbolismo de buena suerte y prosperidad que alcanzará tanto a nuestras relaciones personales como al aspecto financiero, o a cambios y nuevas oportunidades profesionales. De lo que debemos estar seguros es de que siempre nos traerá un mensaje positivo. Su presencia en nuestras vidas nos ayudará a superar las dificultades y los momentos más negativos, haciendo que nos enfrentemos a ellos con valentía y confianza en nuestras capacidades, dándonos la seguridad necesaria para hallar una solución. Y esa certidumbre y la determinación que la acompaña nos hará más carismáticos y aumentará nuestro talento para el liderazgo.

Buena guía, amante y protectora

Aunque la grulla puede convertirse en guía vital para cualquiera de nosotros, quizá sea a los más jovenes a quienes se acerque con mayor frecuencia. Sobre ellos despliega un gran poder protector y potencia esos atributos que son especialmente necesarios en esa etapa de la vida. Por eso resulta muy recomendable que las personas de esas edades lleven un amuleto que represente al animal.

Pero la protección de la grulla no es exclusiva para los jóvenes. Cuando cualquiera de nosotros visualizamos a ese animal durante la meditación o los sueños suele ser un aviso para que nos mantengamos alertas y vigilantes sobre nuestro entorno, ya sea para no dejar pasar alguna buena oportunidad enfocada a nuestro futuro o para descubrir la presencia de personas que nos pueden causar daño. También nos puede indicar que debemos planificar mejor nuestras actividades antes de emprenderlas para así diseñar las estrategias necesarias para alcanzar el objetivo que perseguimos. Pero si en lugar de una sola grulla lo que visualizamos es una bandada, será el anuncio de que estamos rodeados de amigos leales en los que debemos confiar sin dejarnos llevar por la inseguridad o el miedo.

La grulla, sobre todo en Oriente, tiene un significado espiritual muy positivo.

Cultura celta: se considera que la grulla era un animal sagrado, ya que era la mensajera de los dioses, y también la encargada de transportar las almas de los recién fallecidos hasta el paraíso.

Oriente Próximo: esta ave es un símbolo de juventud y belleza; también la mensajera de noticias de personas que se hallan lejos.

China: se trata de un ave de buen augurio y, como tal, también se le apoda «el ave de la felicidad».

Japón: existe la leyenda de que quien consiga hacer mil grullas de papel de origami, podrá pedir un deseo a esta ave, con la seguridad de que se cumplirá.

RUISEÑOR
La alegría de vivir

Simbología: amistad, capacidad de compartir, determinación.

Signo del Zodíaco: Virgo (23 agosto – 22 septiembre).

Poderes: fidelidad, lealtad, actividad.

Un canto de libertad

Todos los poderes mágicos que puede transmitirnos el ruiseñor cuando se convierte en guía de nuestras vidas quedan muy bien definidos por sus propias características como ave. La primera de ellas es su extraordinaria energía y vitalidad, que nos empuja a ser más activos, física y mentalmente, pero, al mismo tiempo, sin perder la eficacia en nuestras acciones y manteniendo un continuo estado de alerta ante todo lo que nos rodea para que, de ese modo, podamos ser capaces de prevenir cualquier situación peligrosa. Otra de las cualidades que nos transmite es su profundo sentido de libertad; todos conocemos el relato de que un ruiseñor enjaulado deja de ofrecernos uno de los más hermosos dones con que le ha obsequiado la naturaleza: su bellísimo canto. Conviene que señalemos que las ansias de libertad hacia las que nos empuja ayudan a que no nos atemos a los bienes materiales, pero no es una libertad con un carácter excluyente, pues nos permite seguir manteniendo la fidelidad y la lealtad, otras dos cualidades de su esencia, hacia las personas a las que queremos.

Otro de los potentes dones que nos otorga el ruiseñor es el de la capacidad de compartir, no tanto en lo que se refiere a los bienes materiales como al conocimiento, ya que al hacer a los demás partícipes de nuestro juicio e inteligencia lograremos que mejore todo el colectivo. Es un espíritu de generosidad que nos proporcionará alegría y nos hará sentirnos más felices. Tampoco hay que olvidar que la energía de este animal aumentará nuestra sociabilidad, promoviendo la amistad y el concepto de

familia, haciendo que las relaciones sean más enriquecedoras y que volvamos a conceder la importancia que le corresponde a valores como el romanticismo.

Su vinculación con cantantes y poetas

Después de conocer cuáles son los poderes mágicos que nos regala el ruiseñor, no sorprenderá que este sea uno de los animales que con más frecuencia se acerca a los artistas del canto y a los poetas para guiarlos, protegerlos e inspirarlos en su actividad creativa. Y al igual que con su ayuda estos artistas encuentran su mejor forma de expresión, nosotros también podremos hallar nuestra propia voz, esa música y esa melodía interiores que nos inspiran los deseos del corazón y que aún no hemos mostrado a los demás. Si ese es nuestro caso, debemos solicitar la ayuda de esta pequeña ave para que nos guíe en nuestro camino de descubrimiento y despertar.

Cuando en nuestro espacio meditativo o en los sueños escuchamos el armonioso canto de un ruiseñor es muy buena señal, pues nos indica que estamos inmersos en una etapa positiva de bienestar físico, espiritual y amoroso, o que nos hallamos muy próximos a conseguirlo. En general, visualizar a esta pequeña ave refuerza nuestra energía y la aparición de sentimientos positivos, nos anima a plantearnos nuevos proyectos y a afrontarlos con alegría, determinación y la confianza de que nos acompañará la buena fortuna.

SIMBOLOGÍA

La alegría de vivir y la libertad que desprende el ruiseñor lo ha convertido en símbolos de muchos pueblos.

Cultura celta: el ruiseñor simbolizaba la amistad y la capacidad de compartir.

Mitología griega: representaba la capacidad de la música para superar las dificultades y encontrar la libertad; por eso se asociaba con la princesa Filomena, que fue transformada en un ave cantora por los dioses.

Tradición indígena americana: consideran al ruiseñor un mensajero del universo, que transmite avisos divinos a los seres humanos.

Tradiciones orientales: esta pequeña ave se asocia con el amor y la belleza, y su canto se considera una expresión de la esencia divina.

GORRIÓN
Autonomía y cooperación

Simbología: autoestima, dignidad, protección.

Signo del Zodíaco: Piscis (19 febrero – 20 marzo).

Poderes: alegría, responsabilidad, cooperación.

Humilde y poderoso

La primera lección que nos enseña este animal mágico es que no debemos juzgar a nadie por su apariencia, ya que él, una de las aves más humildes y modestas que existe, una de las que tiene un aspecto más insignificante, resulta que posee un gran significado espiritual. El gorrión trae a nuestra vida un mensaje de alegría y optimismo, de felicidad y positivismo, de libertad y esperanza, y nos recuerda que cada día está lleno de posibilidades, solo debemos mantenernos alertas y bien dispuestos. Esa actitud de vigilancia y alerta debe dominar tanto la mente como el espíritu para que seamos conscientes de nuestro entorno, de las personas que nos rodean, para enfocar nuestras intervenciones de forma correcta y creativa, y detectar rápidamente situaciones que suponen un peligro para nosotros y alejarnos de ellas. Su espíritu protector hace posible nuestra supervivencia basada en la intuición.

Otra de las grandes lecciones del gorrión se centra en la importancia de nuestros propios valores, animándonos a que trabajemos la autoestima, a que «volemos» hacia pensamientos e ideales más elevados; no debe esclavizarnos el apego a los bienes materiales ni a las muestras de reconocimiento. Este animal mágico nos inculca el profundo significado que tienen la dignidad y la autonomía, pero también la responsabilidad y la cooperación, estimulándonos para que nos hagamos escuchar, para que comuniquemos todo lo valioso que llevamos en nuestro interior, para que seamos constantes.

Un mensaje que nos ilumina

Si el gorrión se erige como guía de nuestras vidas nos traerá mensajes de buena fortuna y conexión espiritual, nos recordará que formamos parte de una energía superior y, por tanto, que somos capaces de trascender. Su presencia también nos asegura que somos capaces de curar nuestras heridas emocionales y transformarnos, siempre con alegría y positivismo para, de ese modo, iniciar algo nuevo si es eso lo que necesitamos. Por eso, cuando nos encontramos en un momento en el que falla nuestra autoestima, sentimos que nuestra sensibilidad espiritual se encuentra adormecida y nuestra actividad mental a niveles muy bajos, o cuando precisamos recuperar nuestra alegría, conviene que invoquemos la ayuda de esta ave mágica, pequeña y humilde, pero muy poderosa.

Ver a menudo gorriones volando a nuestro alrededor o visualizarlo durante la meditación nos avisa de que conviene que seamos más observadores, que trabajemos con perseverancia y diligencia para conseguir nuestros objetivos y que construyamos relaciones sólidas en las que ofrezcamos la mejor versión de nosotros mismos. Así nos sentiremos más felices y ganaremos en estabilidad mental y emocional.

SIMBOLOGÍA

La alegría y protección que emana del gorrión se transmite en distintas tradiciones con alguna diferencia.

Cultura celta: se le consideraba un mensajero de los dioses.

Mitología griega: el gorrión, junto a la paloma, acompañaba a Afrodita, la diosa del amor, y simbolizaba el amor verdadero y la conexión espiritual.

Antigua Roma: esta ave era un símbolo de buena suerte y representaba la curación espiritual.

Europa medieval: era el símbolo de los campesinos y la clase baja; en Gran Bretaña representaba a los espíritus del hogar, siempre acogedores y hospitalarios.

China: se cree que el gorrión es capaz de atraer la felicidad y de alejar los malos espíritus.

ANIMALES MITOLÓGICOS

Hasta ahora nos hemos centrado en mostrar el poder mágico que tienen los animales que forman parte de nuestra realidad, esos animales a los que podemos ver y tocar, a los que somos capaces de percibir a través de nuestros sentidos, pero ¿son los únicos?

Para responder a esta pregunta debemos acudir al significado de la palabra «magia», que nos invita a revisar el concepto de realidad y a que, para hacerlo, no nos apoyemos exclusivamente en la racionalidad. Entonces descubriremos que es posible hallar otros planos de existencia, unos mundos astrales que poseen la misma validez que la del mundo racional en el que nos movemos habitualmente, al menos para alimentar nuestro espíritu. Es en ese universo nuevo, en ese plano energético e inmaterial en el que no tiene ningún significado la materia densa, donde habitan los animales mitológicos, unos seres que desde tiempos muy antiguos interactúan con nosotros a través de sus poderes energéticos. ¡Descubramos lo que tienen que enseñarnos!

ragones, unicornios, harpías, basiliscos, esfinges, nagas, pegasos, quimeras... estos son solo algunos pocos ejemplos de la gran diversidad de criaturas mitológicas que forman parte de la cultura popular y del universo de las leyendas que han tenido cabida en todas las civilizaciones a lo largo de la historia. Dada la imposibilidad de abarcar un catálogo tan extenso como el de los seres fantásticos, en estas páginas nos vamos a centrar únicamente en los más conocidos, pero sin olvidar que todos ellos pueden ejercer su influencia energética sobre nuestras vidas. Comencemos este apasionante viaje por un universo desconocido... Aunque en realidad, al menos culturalmente, sí conocemos.

Los seres mitológicos y fantásticos

Encontrar una explicación racional a todo lo que nos rodea y no acabamos de comprender es una de nuestras necesidades más acusadas desde que el ser humano existe. Para ello, la mitología y la magia son dos grandes aliados y a través de ellas intentamos llegar hasta esos lugares impregnados de un halo de misterio. Así es como hemos conocido a los animales mitológicos, que han viajado hasta nosotros como protagonistas de numerosos mitos y leyendas y de ese modo han conseguido llegar a formar parte de la memoria colectiva de la humanidad. Por ejemplo, el unicornio y el ave fénix son un legado de los antiguos griegos; el can Cerbero y los faunos, de los romanos; los pueblos nórdicos nos han dejado en herencia al kraken y desde el Lejano Oriente, el conocimiento de los dragones y los qilins.

Sea cual sea su procedencia original, todos estos seres mitológicos y fantásticos poseen una serie de cualidades compartidas que los hace únicos. La primera de ellas es, sin duda, su aspecto, que tradicionalmente suele fusionar partes de diferentes animales de la realidad cotidiana en un todo algo monstruoso. Por ejemplo, los dragones suelen representarse con un cuerpo que es mitad serpiente y mitad lagarto, el pegaso es un caballo con alas, el basilisco tiene aspecto reptiliano, pero con cabeza de gallo, la quimera tiene cabeza de